もくじ

三省堂版　国語１年

テストの範囲や学習予定日をかこう！

学習計画	
出題範囲	学習予定日
5/14 テストの日	5/10
	5/11

朝のリレー

教科書 p.16～p.19

主題

◆地球上では、いつもどこかで朝が始まっている。私たち人間は、リレーするように朝を受けわたし、互いにつながりをもって生きている。

テストに出る！

ココが要点

詩の形式と構成

●現代の言葉で、音数やリズムにきまりのない詩→口語自由詩

●二連で構成されている。

・第一連　カムチャッカの若者↔メキシコの娘
　　　　　ニューヨークの少女↔ローマの少年
　　→地球上ではいつもどこかで朝がはじまっている

・第二連　ぼくらは朝をリレーする
　　→人間の連帯や信頼

作品の中で使われている表現技法

●比喩…あるものを、別のものでたとえて表す。

●倒置…普通の語順を逆にして表す。

●対句…語形や意味が対応するように言葉を並べて表す。

その他の表現技法

●反復…同じ語句や似た語句を繰り返して表す。

●体言止め…行を体言(名詞)で結ぶ。

テストに出る！

予想問題

解答 p.1

30分

/100点

次の詩を読んで、問題に答えなさい。

1 この詩の形式を、漢字五字で書きなさい。〔10点〕

2 ――線①「ほほえみながら寝がえりをうつ」は、少女のどのような様子を表していますか。次から一つ選び、記号で答えなさい。〔10点〕

ア さびしく静かな様子。

イ 明るく幸せな様子。

ウ 幼くて陽気な様子。

エ 元気で活発な様子。

3 ――線②「いつもどこかで朝がはじまっている」とありますが、はじまった「朝」の様子が具体的に描かれている部分を、詩の中から二つ抜き出し、はじめと終わりの五字を書きなさい。10点×2〔20点〕

～

～

4 よく出る ――線③「ぼくらは朝をリレーするのだ／経度から経度へと」について答えなさい。

(1) 「朝をリレーする」とはどういう様子を表していますか。にあてはまる言葉を、詩の中から抜き出しなさい。10点×2〔20点〕

漢字を読もう！　①夢　②染める　③経度
←答えは左ページ

朝のリレー

谷川(たにかわ)俊太郎(しゅんたろう)

カムチャッカの若者が
きりんの夢を見ているとき
メキシコの娘(むすめ)は
朝もやの中でバスを待っている
ニューヨークの少女が
①ほほえみながら寝(ね)がえりをうつとき
ローマの少年は
柱頭(ちゅうとう)を染める朝陽(あさひ)にウインクする
この地球では
②いつもどこかで朝がはじまっている

③ぼくらは朝をリレーするのだ
経度から経度へと
そうしていわば交替(こうたい)で地球を守る
眠(ねむ)る前のひととき耳をすますと
どこか遠くで目覚時計(めざましどけい)のベルが鳴ってる
それはあなたの送った朝を
誰(だれ)かがしっかりと受けとめた証拠(しょうこ)なのだ

丸い ⓐ □ 上で、順々に ⓑ □ が移っていく様子。

(2) ここで用いられている表現技法を次から二つ選び、記号で答えなさい。 〔10点×2（20点）〕

ア 対句(ついく)　イ 比喩(ひゆ)　ウ 体言止め
エ 反復　オ 倒置(とうち)

□ □

(3) やや難 「朝をリレーする」と同じ内容を表す言葉を、詩の中から抜き出しなさい。 〔10点〕

□

5 よく出る この詩の鑑賞(かんしょう)文として適切なものを次から一つ選び、記号で答えなさい。 〔10点〕

ア 世界の国々の夜と朝の様子を具体的に描(えが)いたもので、旅を続ける作者の感動と喜びがうたわれている。

イ 作者が実際に訪(おとず)れた国を思い出しながら描いたもので、若い頃(ころ)に戻(もど)りたいという思いがうたわれている。

ウ 地球上では夜が明ければまた朝がくる、というあたり前のことを描くことで、平和を願う思いがうたわれている。

エ 地球上の次々に朝が移っていく様子を描くことで、人間どうしのつながりや共生への確信がうたわれている。

□

漢字で書こう！ ①ゆめ ②そ（める） ③けいど
答えは右ページ➡

竜
言葉発見① 音声のしくみとはたらき

教科書 p.20～p.29／p.34～p.37

主題

◆大きくても気の弱い竜の三太郎は、意を決して沼の外に飛び出したところ、人から思わぬ評価を得ることになった。三太郎の心の中にはかすかな自信が芽ばえる。

5分間攻略ブック p.2

テストに出る！ ココが要点

村人に見つかった三太郎（教 p.22～p.24）▶例題

- 檜やんは腰を抜かしたが、三太郎のほうはもっと驚いた。
- 三太郎はきゃっとわめいて飛び上がり、再び沼の底深く沈んだ。
- 沼の周りに人がうろうろし始めて、三太郎は困ってしまった。
- 沼見物の人間の数は増えるばかりで、三太郎は元気をなくした。

沼から飛び出した三太郎（教 p.24～p.27）▶予想問題

- 沼の底に潜りっぱなしの三太郎→しんぼう我慢にも限界がきた。
- 三太郎は沼の底から飛び出した→田畑一面に大雨を降らせた。
- 百姓たちは喜び、三太郎を竜神様とたてまつった。
- 三太郎は沼の底で小さくなっていたが、悪い気持ちはしなかった。

例題 村人に見つかった三太郎

うなぎがひょろりと立ち上がった。そいつが三太郎のひげだったことは、いうまでもない。

檜やんの目が、ふだんの十倍ほどにも見開かれたが、三太郎の目は、その何百倍も大きかった。①**檜やんは、わああっとわめいて**、へたへたと腰を抜かしてしまった。

しかし、三太郎のほうはもっと驚いた。人に見つかっただけでなく、そいつに、わああっと脅かされたのだからたまらない。こちらも、きゃっとわめいて、飛び上がった。

といっても、そこがそれ、山を二巻きもできるほどどでかい竜のこと、沼の水は泡だち逆巻き立ち上り、檜やんは舟ごと岸にふっ飛ばされてしもうた。

檜やんがやっと気がついたときには、三太郎はとっ

1 三太郎はどのくらい大きいのですか。目は、檜やんの見開かれた目の［　　　］も大きく、体は［　　　］もできるほど大きい。

2 ――線①の檜やんのふるまいを、三太郎はどのように受け取りましたか。

人に［　　　］と受け取った。

答えと解説

1 何百倍・山を二巻き

「檜やんの目が、ふだんの十倍ほどにも見開かれたが、三太郎の目は、その**何百倍**も大きかった。」「**山を二巻き**もできるほどどでかい竜」と書かれている。

2 脅かされた

檜やんは驚いて「わああっとわめい」たのだが、気の弱い三太郎は、それを「わああっと脅かされた」と受け取った。

漢字も読もう！ ①潜る ②隠れる ③微笑
←答えは左ページ

くに②**沼の底深く沈み、前よりももっとひっそりと息をころして、上の様子をうかがっておった。**

沼の周りに人がうろうろし始めるようになるのに、何日もかからなかった。楢やんが言いふらしたせいにちがいなかった。

そればかりか、よほどの物好きがいるとみえて、夜になっても帰らない。かがり火などたいて、気長に三太郎が顔を出すのを待っている様子なのだ。

これには③**三太郎も困ってしまった**。これでは日に一回の胸の空気の入れ換えもできない。といっても、もう一度人間と顔突き合わせることなど思いもよらず、三太郎は、④**ただただしょんぼりととぐろを巻いておるばかりであった。**

そんな三太郎がときどきつくため息が、大きなあぶくになって立ち上り、沼の周りの連中を、

――それ出たぞい！

と、あわてさせる。

ところが、それがまたうわさになり、沼見物の人間の数は増えるばかり。そしてとうとう、沼の周りには、見物衆相手の店さえ建つ始末。

三太郎は、⑤**うっかりため息一つ、くしゃみ一つすることができなくなり**、すっかり元気をなくしてしまった。

〔今江（いまえ）祥智（よしとも）「竜」による〕

3 よく出る ――線②から、三太郎はどんな性格だとわかりますか。選びなさい。

ア おこりっぽくて、気難しい性格。
イ おくびょうで、気が弱い性格。
ウ 思いやりがあって、やさしい性格。

（　　）

4 ――線③とありますが、三太郎が困ってしまったのはなぜですか。

沼にやって来た人が夜になっても帰らないことで、日に一回の（　　　　）ができないから。

5 ――線④のとき、三太郎はどんな様子でしたか。選びなさい。

ア とてもさびしそうな様子。
イ 少し機嫌（きげん）が悪い様子。
ウ 全く元気のない様子。

（　　）

6 よく出る 三太郎が――線⑤のようになったのはなぜですか。

ため息が大きな［　　　］となり、またうわさになって、沼見物の人間の数がますます［　　　］しまうから。

3 イ
「息をころす」は、息をする音もたてないように、**じっとしている**さま。人に見つかるのがこわくて静かにしているのは、気が弱いからである。

4 例 胸の空気の入れ換え
沼にやって来た人が帰らないので、人間と顔を突き合わせたくない三太郎は、沼から顔を出して「日に一回の**胸の空気の入れ換え**」をすることができなくなった。

5 ウ
「しょんぼりと」は**元気がない**様子を表す。「ただただ」は程度を強調する言葉で、ここでは、全く元気がない様子を強調している。

6 あぶく・増えて
三太郎がため息をつくと、**大きなあぶくが立ち上る**ので、沼の周りの連中は大さわぎをした。そして、**「沼見物の人間の数は増えるばかり」だった**ので、三太郎は、ため息やくしゃみもできなくなった。

漢字で書こう！ ①もぐ（る）　②かく（れる）　③びしょう
答えは右ページ➡

テストに出る！

予想問題

1 次の文章を読んで、問題に答えなさい。

解答 p.1

30分

/100点

　とはいうものの、いくら三太郎が気が弱いといっても、そんなに何日も何日も潜りっぱなしでは、胸がつまってくる。胸の中に灰色の砂漠が広がり、舌がざらざらしてくる。三太郎は大きな目をぎょろんとさせ、長い耳をぴんと立てて、上の様子をうかがった。少しでも人のいないおりがあれば、思いきって鼻先を出そうと、やっと心に決めたのである。しんぼう我慢にも、きりがある。

　さて、そんな日が何日続いたあとだったか。不思議なことに、あれほどざわついていた沼の周りが、いつやら、以前どおりに、しんとしているではないか。

　三太郎は、それでも用心深く、夜半になってから、そろそろそろそろと鼻先を突き出した。①ああそのときの夜の空気のうまかったこと。

　そのときは、慌ててまた潜ったが、明くる日も、また明くる日も、沼の周りに人の来る様子はない。三太郎はすっかりうれしくなって、ひとつ思いきって飛び出してやろうと決心した。

　なにしろ、何日も何日も沼の底にくすぶっていたものだから、体中、藻だらけ水ごけだらけ。②ぬるぬるねちねちして、気持ちの悪いことおびただしい。そんなときには思いきって飛び上がり、雲に乗って一駆けすればさっぱりするのだ。

　③三太郎はとうとう心を決め、それから三日したある真夜中、ものすごい勢いで沼の底から飛び出した。沼のまん中から竜巻きが

1 ——線①「ああそのときの夜の空気のうまかったこと。」とありますが、この文を朗読するときの読み方として適切なものを次から一つ選び、記号で答えなさい。〔10点〕

ア 三太郎の強い意志が伝わるように堂々とした調子で読む。
イ 三太郎のうれしい気持ちが伝わるように明るい調子で読む。
ウ 三太郎のこわがる気持ちが伝わるようにか細い調子で読む。
エ 三太郎のあせる気持ちが伝わるように速い調子で読む。

2 ——線②「ぬるぬるねちねち」とありますが、このときの気持ちと反対の気持ちを表す言葉を、文章中から抜き出しなさい。〔10点〕

3 ——線③「三太郎はとうとう心を決め」とありますが、三太郎が沼の底から飛び出すことに決めたのはなぜですか。□にあてはまる言葉を、文章中から抜き出しなさい。10点×2〔20点〕

何日も沼の周りにⓐ□□□□□□がないので、人間に会わずに、藻や水ごけでⓑ□□□□□□体をきれいにできると思ったから。

4 やや難 ——線④「どんと、祭るべや」とありますが、見物衆は何をどう考えたのですか。百姓たちの会話文をふまえて書きなさい。〔15点〕

起こり、雲を呼んで駆ける三太郎の下に広がる田畑一面に大雨を降らせた。

そのころ日照り続きに頭を抱(かか)えていた百姓(ひゃくしょう)たちは躍(おど)り上がって喜んだ。

――なんでも、あの沼から竜神様が飛び上がったちゅうど。

――やっぱ、竜がござらっしゃったか。

――④どんと、祭るべや。

沼の周りに見物に来ていた連中が引き揚(あ)げたのもあたりまえ。日照り続きに、竜見物どころではなくなったのであった。

そんなこととは知らぬ三太郎は、久しぶりに風呂(ふろ)に入ったようにさっぱりした気持ちで、また、ずぶりと沼に身を沈めた。

百姓たちが沼の周りにしめ縄を張りめぐらし、立て札を立てていきさつを書き連ねるのにもまた何日もかからなかった。

見物衆が、以前にもまして増えたのはいうまでもなく、三太郎は以前より小さくなっていなければならなくなってしまった。

しかし、⑤けがの功名とはいえ、竜神様とたてまつられるのは、まんざら悪い気持ちでもない。これなら、十年もして、とっつぁんの竜大王(りゅうだいおう)が見回りに来たとき、ちっとは申しわけも立とうというものだ。

三太郎はそう思うと、⑥頬(ほお)を赤らめ、気の弱そうな苦笑いを浮かべて、ああんと一つ、小さなあくびをして考えた。（神様ちゅうもんは、退屈(たいくつ)なもんじゃ……。）

三太郎のあくびは、きれいな緑色のあぶくになって、ゆっくりと沼の中を上っていった。

〔今江(いまえ)祥智(よしとも)「竜」による〕

---

5 よく出る ――線⑤「けがの功名」とは、ここではどういうことですか。□にあてはまる言葉を、文章中から抜き出しなさい。10点×2〔20点〕

三太郎が沼の底から勢いよく飛び出したことが、ⓐ［　　］が続いていた田畑一面にⓑ［　　　　　　］ため、思いがけず百姓たちを助ける結果になったこと。

6 よく出る ――線⑥「頬を赤らめ、気の弱そうな苦笑いを浮かべて」とありますが、このときの三太郎の気持ちを次から一つ選び、記号で答えなさい。〔10点〕

ア　自分が竜神と祭られたのは当然だと、うぬぼれる気持ち。
イ　自分が知らぬ間に勝手に竜神と祭られたことに、いらだつ気持ち。
ウ　竜神と祭られて照れくさいが、まずはよかったという気持ち。
エ　竜神と祭られて感謝されたことを、心から喜ぶ気持ち。

［　］

2 次の語はいくつの音節からできていますか。漢数字で答えなさい。3点×5〔15点〕

① そうめん　② 火山灰
③ 乗車券　④ リュックサック
⑤ ファッション

①	③	⑤
②	④	

漢字で書こう！ 答えは右ページ➡　①つ(り)　②こし　③しめ(る)

ペンギンの防寒着

教科書 p.40～p.43

要旨

◆厳しい寒さの中で暮らすペンギンは、脂肪層、皮膚、空気層、羽根、羽根に塗られた脂という、五枚の層で寒さから身を守っている。

5分間攻略ブック p.3

テストに出る！
ココが要点

ペンギンの保温のしくみとは？（教 p.40～p.42）▼例題・予想問題

ペンギンたちはどのようにして厳しい寒さをしのいでいるのか？

● ペンギンの体に備わった三つの保温のしくみ。

①体を覆う羽根…一枚の布のようにつながる。→寒さを防ぐ＋皮膚との間に体温の低下を防ぐ空気の層をつくる。

疑問 しっかり羽根の生えていないヒナの場合はどうなのか？

②脂肪層…ヒナの保温効果の主役。卵やヒナを温めるためにも重要。

③羽根に塗る脂…尾羽根のつけ根の器官から出る脂を羽根の表面に塗りつける→水中で熱を奪われるのを防ぐ。

● 五枚の層による高性能の防寒着に身を包み、寒さから身を守る。

例題　ペンギンの保温のしくみとは？

ペンギンたちはどのようにしてこの厳しい寒さをしのいでいるのでしょうか。①**彼らの体に備わった保温のしくみ**を探っていきましょう。

一つめは羽根です。ペンギンは鳥類に属していますが、その羽根は空を飛ぶ鳥のものとは少し違います。一枚一枚の羽根が小さくびっしり生えています。ペンギンの体をほぼ隙間なく覆っているこの羽根は、水にぬれたり海中に潜って水圧がかかったりすると、まるで全体が一枚の柔らかい布のようにつながるというしくみになっています。つまり、ペンギンの羽根は、防水性のコートやウエットスーツの役目を果たしているのです。一枚の皮のようになった羽根は、外からの寒さを防ぐとともに、その下の皮膚との間に空気を閉じ

1 この文章の問いが書かれている一文の、はじめの五字を書きなさい。

2 ——線①について答えなさい。

(1) ——線①として、一つめにあげられているのは何ですか。

(2) よく出る (1)の役目についてあてはまるものを、二つ選びなさい。

ア 外からの寒さを防ぐ役目。

イ ぬれた体の水分をふきとる役目。

答えと解説

1 ペンギンた

最初の段落の「ペンギンたちはどのようにしてこの厳しい寒さをしのいでいるのでしょうか。」が**問い（＝問題提起）**の文になる。

2 (1) 羽根　(2) ア・ウ

(1) 二つめの段落の最初にある「**一つめは」という、順序を表す言葉**に注目する。
(2) 二つめの段落に、「つまり、ペンギンの羽根は、……の役目を果たしているのです。」とある。この文を詳し

漢字を読もう！　①餌　②奪う　③違う
←答えは左ページ

込めて、体温の低下を防ぐ空気の層をつくります。成鳥のペンギンの場合、保温効果全体の八〇～九〇パーセントが、こうした羽根のしくみによるものとされています。

それでは、まだしっかり羽根の生えていないヒナの場合などではどうなるのかと疑問を抱く人もいるでしょう。②**その疑問**を解決するのが二つめの保温のしくみ、脂肪層です。例えば、キングペンギンのヒナの場合には、体重の約四〇パーセントを占める脂肪層が保温効果の主役となります。

この脂肪層は、ヒナだけでなく成鳥のペンギンにとってもとても重要なのです。例えば、エンペラーペンギンの場合は、マイナス六〇度・秒速五〇メートルを超える吹雪(ふぶき)の中、卵やヒナをお腹(なか)のたるんだ皮で覆うようにして温めるのですが、子育て時の親鳥の皮の脂肪層の厚さは二～三センチメートルにも達します。

保温のしくみの三つめは羽根に塗る脂です。ペンギンは陸上でも海上でも時間があればいつもくちばしで羽根の乱れを直します。尾羽根(おばね)のつけ根の器官から出る脂をくちばしですくい取っては、羽根の表面に塗りつけているのです。③**羽根に脂を塗るという行動は、冷たい海の中に潜って餌となる魚をとるときにはいっそう重要性を増します**。もし羽づくろいをせず、羽根の表面を覆う脂がなければ、水中で熱を奪われる量は倍増してしまうという研究データがあります。

〔上田(うえだ)一生(かずおき)「ペンギンの防寒着」による〕

ウ　体温の低下を防ぐ空気の層をつくる役目。

（　）（　）

3 ――線②について答えなさい。

(1) ――線②とは何ですか。三十字で抜き出し、はじめの五字を書きなさい。

(2) (1)を解決するための「保温のしくみ」は何ですか。

4 「保温のしくみ」の三つめは何ですか。

5 よく出る　――線③とありますが、それはなぜですか。選びなさい。

ア　羽根が乱れていると、魚がうまくとれないから。

イ　羽根の表面を覆う脂がないと、水中で熱を奪われる量が倍増するから。

ウ　海に潜る前に、尾羽根のつけ根の器官から出る脂を食べているから。

（　）

く説明した直後の文から、羽根の具体的な役目をつかむ。

3 (1) まだしっか　(2) 脂肪層

(1)「その」という指示語があるので、――線②の前の文に注目する。ここで筆者は、予想される読者の疑問点を示している。
(2) ――線②を含む文の「二つめの保温のしくみ」に注目し、「**脂肪層**」を抜き出す。

4 羽根に塗る脂

最後の段落に「保温のしくみの三つめは」とあるので、続く部分から六字の言葉を抜き出す。

5 イ

――線③を含む段落の最後の文に、「羽根の表面を覆う脂がなければ、**水中で熱を奪われる量は倍増し**てしまう」と書かれている。

漢字で書こう！　①えさ　②うば(う)　③ちが(う)
答えは右ページ➡

予想問題

テストに出る！

次の文章を読んで、問題に答えなさい。

解答 p.2　30分　100点

1　南極のペンギンたちは、真冬にはマイナス六〇度にもなる厳しい寒さの中で暮らしています。人間であれば、ダウンジャケットや厚手のコートなしでは外に出ることさえできない寒さです。

2　ペンギンたちはどのようにしてこの厳しい寒さをしのいでいるのでしょうか。彼らの体に備わった保温のしくみを探(さぐ)っていきましょう。

3　①一つめは羽根です。ペンギンは鳥類に属していますが、②その羽根は空を飛ぶ鳥のものとは少し違います。一枚一枚の羽根が小さくびっしり生えています。ペンギンの体をほぼ隙間(すきま)なく覆(おお)っているこの羽根は、水にぬれたり海中に潜って水圧がかかったりすると、まるで全体が一枚の柔(やわ)らかい布のようにつながるというしくみになっています。つまり、ペンギンの羽根は、③防水性のコートやウエットスーツの役目を果たしているのです。一枚の皮のようになった羽根は、外からの寒さを防ぐとともに、その下の皮膚(ひふ)との間に空気を閉じ込めて、体温の低下を防ぐ空気の層をつくります。成鳥のペンギンの場合、保温効果全体の八〇～九〇パーセントが、こうした羽根のしくみによるものとされています。

4　それでは、④まだしっかり羽根の生えていないヒナの場合などではどうなるのかと疑問を抱く人もいるでしょう。

5　その疑問を解決するのが二つめの保温のしくみ、脂肪層です。例えば、キングペンギンのヒナの場合には、体重の約四〇パーセ

1　――線①「一つめ」とありますが、何の一つめを説明していますか。□にあてはまる言葉を文章中から抜き出しなさい。〔10点〕

ペンギンの体に備わった［　　　　　　］。

2　――線②「その羽根は空を飛ぶ鳥のものとは少し違います」とありますが、ペンギンの羽根はどのようなしくみになっているのですか。□にあてはまる言葉を、文章中から抜き出しなさい。10点×2〔20点〕

・一枚一枚の羽根がⓐ［　　　］びっしり生えている。

・水にぬれたり海中に潜って水圧がかかったりすると、一枚のⓑ［　　　　　］のようにつながる。

3　よく出る　――線③「防水性のコートやウエットスーツの役目」とありますが、具体的にはどのような役目ですか。□にあてはまる言葉を、文章中から抜き出しなさい。10点×2〔20点〕

・外からのⓐ［　　］を防ぐ役目。

・体温のⓑ［　　］を防ぐ空気の層をつくる役目。

4　――線④「まだしっかり羽根の生えていないヒナ」の体を保温しているものは何ですか。文章中から三字で抜き出しなさい。〔10点〕

［　　　］

漢字を読もう！　①占める　②彼　③塗る
←答えは左ページ

ントを占める脂肪層が保温効果の主役となります。

6 この脂肪層は、ヒナだけでなく成鳥のペンギンにとっても重要なのです。例えば、エンペラーペンギンの場合は、マイナス六〇度・秒速五〇メートルを超える吹雪の中、卵やヒナをお腹のたるんだ皮で覆うようにして温めるのですが、子育て時の親鳥の皮の脂肪層の厚さは二〜三センチメートルにも達します。

7 保温のしくみの三つめは羽根に塗る脂です。ペンギンは陸上でも海上でも時間があればいつもくちばしで羽根の乱れを直します。尾羽根のつけ根の器官から出る脂をくちばしですくい取っては、羽根の表面に塗りつけているのです。⑤羽根に脂を塗るという行動は、冷たい海の中に潜って餌となる魚をとるときにはいっそう重要性を増します。もし羽づくろいをせず、羽根の表面を覆う脂がなければ、水中で熱を奪われる量は倍増してしまうという研究データがあります。

8 このように、ペンギンは、脂肪層、皮膚、空気層、羽根、羽根に塗られた脂という、いわば五枚の層によってつくられた高性能の防寒着に身を包んで寒さから身を守っているというわけです。

〔上田一生「ペンギンの防寒着」による〕

5 やや難 ――線⑤「羽根に脂を塗るという行動」を取ることによって、ペンギンはどのようなことを防いでいるのですか。文章中の言葉を使って簡潔に書きなさい。〔15点〕

6 よく出る この文章の結論として適切なものを次から選び、記号で答えなさい。〔15点〕

ア ペンギンは、尾羽根のつけ根の器官から脂が出るので、寒いときにはそれをくちばしですくい取って食べている。

イ ペンギンは、体重の四〇パーセントを占める脂肪層が保温効果の主役になるので、マイナス六〇度でも生きていくことができる。

ウ ペンギンは、成鳥になるとしっかりした羽根になるので、秒速五〇メートルを超える吹雪の中でも移動できるようになる。

エ ペンギンは、脂肪層、皮膚、空気層、羽根、羽根に塗られた脂の五層による高性能の防寒着で寒さから身を守っている。

7 この文章の段落構成（序論・本論・結論）を図に表しました。適切なものを次から選び、記号で答えなさい。〔10点〕

ア 1＋2／3＋4＋5＋6／7＋8

イ 1＋2／3＋4＋5＋6＋7／8

ウ 1／2＋3＋4＋5＋6＋7／8

エ 1＋2＋3／4＋5＋6／7＋8

漢字で書こう！ ①し（める） ②かれ ③ぬ（る）
答えは右ページ➡

クジラの飲み水

教科書 p.44～p.51

要旨

◇海の中で生きるクジラは、飲み水を海水や食べ物から得られない。食物や自分の体内にある脂肪を分解して水分を作り、それを失わないように暮らしている。

5分間攻略ブック p.3

テストに出る！ ココが要点

クジラが飲み水を得る方法は？（教 p.45～p.47）➤例題

●海水を飲めるのでは？→クジラの体液中の塩分は海水と同じ割合でない／海水を淡水に変える体のはたらきがない→海水は飲めない。

●食べ物となる生物の体に含まれる水分を利用しているのでは？→クジラの食べ物となる生物の体液は塩分の割合が海水とほぼ同じ→利用できない→クジラが自らの体内で水を作る。

クジラが体内でしていることは（教 p.47～p.48）➤予想問題

●食べ物の中の脂肪などを分解→できたエネルギーと水を利用。

●食べ物がないとき→体内に蓄えている脂肪を分解して水を得る。

●呼吸によって失われる水分は少ない。汗腺がないため汗はかかない。→水分は主に排せつ（尿）によって失われる。

●必要な水は体内で作り、水分を失わないように暮らしている。

例題　クジラが飲み水を得る方法は？

それでは、いったいクジラはどのようにして飲み水を得ているのであろうか。

第一に考えられるのは、①**クジラは、塩分の多い海水を飲むことができるのではないか**ということだ。

確かにクジラの体は、海の環境に適応して体の形やはたらきがいろいろに変化したが、体液中の塩分は海水と同じような割合になっていないし、海水を淡水に変えるような体のはたらきも備わっていない。つまり、飲み水に関しては、陸にすむ哺乳類とほとんど変わらず、クジラも海水を飲んで喉の渇きを癒やすことはできないのである。

第二に考えられるのは、クジラは食べ物となる生物

1 この文章は、どのような問いについて書かれていますか。二十九字で抜き出し、はじめの五字を書きなさい。

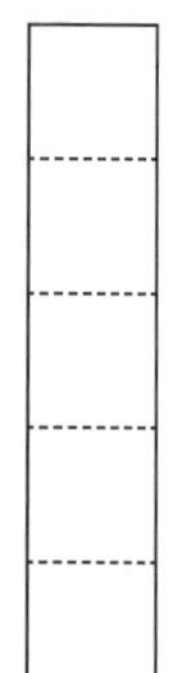

2 (1) ——線①について答えなさい。

(1) ——線①の仮説の検証結果を二十五字で抜き出し、はじめの五字を書きなさい。

(2) (1)の根拠となったことを二つ選びなさい。

答えと解説

1 いったいク

初めの段落の「それでは、**いったいクジラはどのようにして飲み水を得ているのであろうか。**」が問題提起の文になる。

2 (1)クジラも海　(2)イ・ウ

(1)——線①のある段落の次の段落の最後の文に注目する。
(2)クジラの「体液中の塩分は海水と同じような割合になっていない」＝**クジラの体液中の塩分の割合は海水**

漢字を読もう！ ①塊　②含む　③砂漠
←答えは左ページ

の体の中に含まれる水分を利用しているのではないかということである。

クジラの食べ物となる動物プランクトンや魚介類の体は八〇パーセント近くが水でできている。この水分を飲み水の代わりに利用するという方法である。陸上の哺乳類でも、アフリカの乾燥地帯にすむアダックスなどは、食べ物にする植物に含まれている水分に頼って生活している。

けれども、クジラには②**この方法は使えない**。それは、含まれる塩分の量が、植物と動物とでは違うからである。植物に含まれる塩分の割合は非常に少ない。これに対して、クジラの食べ物となる動物プランクトンやイカなどの体液は、塩分の割合が海水とほぼ同じなのである。

それでは、塩分を多く含んだ食べ物を海水と一緒に食べてもクジラは平気なのかという疑問をもつ人がいるだろう。

クジラは、捕(と)らえた食べ物を口の中や喉でぎゅっと絞(しぼ)り、海水は吐(は)き出し、食べ物だけを胃に送っている。実際クジラの胃を調べてみると、食べ物は絞って固められた状態で入っており、海水はほとんど含まれないのである。

そうなると残された道は、クジラが自らの体内で水を作るということになる。

［大隅(おおすみ) 清治(せいじ)「クジラの飲み水」による］

ア　クジラは、陸にすむ哺乳類と体の仕組みがちがうこと。
イ　クジラは、体の中で海水を淡水に変えられないこと。
ウ　クジラの体液中の塩分が、海水と同じような割合ではないこと。
（　）（　）

3　――線②について答えなさい。

(1)「この方法」とはどんな方法ですか。

□□□□□□生物の体の中に含まれる水分を利用する方法。

(2)(1)の方法が使えないのはなぜですか。選びなさい。

ア　クジラの食べ物の体液は、塩分の割合が少ないから。
イ　クジラの食べ物の体液は、塩分の割合が海水とほぼ同じだから。
ウ　海水は吐き出しているから。（　）

4　よく出る　ここまでの検証の結果から、クジラは、どのようにして飲み水を得ていると推測されますか。選びなさい。

ア　食べ物から得ている。
イ　海水を淡水に変えている。
ウ　自分の体内で作っている。（　）

より低いということ。よって、クジラが海水を飲むためには、塩分の多い「海水」を、塩分をほとんど含まない「淡水」にする必要がある。しかし、クジラにはそのような**体のはたらきが備わっていない**のだ。

3 (1)食べ物となる（食べ物にする）
(2)イ

(1)「この方法」とは、二つ前の段落に書かれている「**食べ物となる生物の体の中に含まれる水分を利用**」する方法のことである。
(2)**クジラの食べ物となる動物プランクトンやイカなどの体液は、塩分の割合が海水とほぼ同じ**なので、これらの体の中に含まれる水分は**飲み水の代わりに利用できない**のだ。

4 ウ

最後の段落の「そうなると残された道は」という言葉に注目する。この段落にここまでの検証結果からいえることが述べられている。

漢字で書こう！　①かたまり　②ふく（む）　③さばく
答えは右ページ➡

テストに出る！

予想問題

解答 p.2　30分　100点

次の文章を読んで、問題に答えなさい。

そうなると残された道は、クジラが自らの体内で水を作るということになる。

一般(いっぱん)に動物は食べ物を消化して、脂肪や炭水化物やタンパク質を分解する。そのときにエネルギーと水ができるのだ。クジラは①この水を利用しているのである。特に脂肪が体内で分解されるときには、炭水化物やタンパク質に比べ、多くの水が生まれる。幸運なことに、クジラの食べ物には多量の脂肪分が含まれているのである。

また、②クジラの体には多くの脂肪が蓄えられている。だから、食べ物を口にしないときも、クジラはこの脂肪を分解して水を得ることができるのである。砂漠にいるラクダも、背中のこぶにためた脂肪を分解して水を得ることによって、長時間水を飲まずに暮らすことができる。

［A］、食べ物や体内に蓄えた脂肪から、あり余るほどの水ができるわけではない。この貴重な水分を有効に使うため、③クジラの体はできるだけ余分な水分を失わないようになっている。

陸上の動物の場合、体の水分が失われる要因としては、呼吸・発汗・排(はい)せつの三つがある。だが、海洋では水蒸気が比較的多く、湿度が非常に高いので、呼吸によって失われる水分の量は極(きわ)めて少ない。［B］、クジラには汗腺がないため、汗によって水分が失われることはない。したがって、クジラの場合、④貴重な水分は

1 本文中の［　］A・Bにあてはまる言葉を次から一つずつ選び、記号で答えなさい。　10点×2〔20点〕

ア また　**イ** だから　**ウ** つまり

エ しかし　**オ** では

A［　］　B［　］

2 よく出る ――線①「この水」とは、どのような水ですか。［　］にあてはまる言葉を、文章中から抜き出しなさい。　10点×2〔20点〕

食べ物をⓐ［　］して、脂肪やタンパク質などをⓑ［　］するときにできる水。

3 やや難 ――線②「クジラの体には多くの脂肪が蓄えられている」とありますが、このことはクジラにとってどのような点で好都合なのですか。「……という点。」につながるように書きなさい。〔10点〕

［　］という点。

4 ――線③「クジラの体はできるだけ余分な水分を失わないようになっている」について答えなさい。

(1) ――線③のようになっているのは何のためですか。［　］にあてはまる言葉を、文章中から抜き出しなさい。〔10点〕

自らの体内で作った［　］を有効に使うため。

漢字を読もう！　①渇く　②環境　③頼る
←答えは左ページ

主に排せつによって失われることになる。これはもったいない話のように思える。けれども、尿を出すことは、どうしても体内に取り込んでしまう余分な塩分や老廃物（ろうはいぶつ）を排出するという重要な役目を果たしているのである。

このように、クジラは人間と同じ哺乳類でありながら、「飲み水」としての水を飲むことがない。生きるために必要な水は自分の体内で作り、その水分をできるだけ失わないようにして暮らしているのである。

〔大隅（おおすみ） 清治（せいじ）「クジラの飲み水」による〕

(2) 余分な水分が失われないのはなぜですか。次から二つ選び、記号で答えなさい。 10点×2〔20点〕

ア 発汗も排せつもせず、水分を体内に蓄えることができるから。

イ 汗腺がないので、汗によって水分が失われることがないから。

ウ 冷たい海中にいるので、汗をかかないから。

エ 海は湿度が高いので、呼吸によって失う水分の量がとても少ないから。

オ 呼吸の回数が少ないうえに、呼吸ではわずかな水分しか失われないから。

5 ——線④「貴重な水分は主に排せつによって失われる」とありますが、「排せつ」にはどのような役目がありますか。 〔10点〕

6 よく出る この文章の結論として適切なものを次から一つ選び、記号で答えなさい。 〔10点〕

ア クジラは、人間と同じ哺乳類であるが、海水を飲み水の代わりにすることができるため、海の中でも生きていくことができる。

イ クジラは、海水を飲み、多量の脂肪分が含まれている食べ物を食べることで、十分な水分を得ることができる。

ウ クジラは、海水を飲むことはないが、生きるために必要な水は自分の体内で作り、水分を失わないようにして暮らしている。

エ クジラは、汗をかかず排せつもしないので、体内で作った貴重な水分が失われることがない。

漢字で書こう！ ①かわ（く） ②かんきょう ③たよ（る）
答えは右ページ➡

教科書 p.52～p.53／p.60～p.61

漢字のしくみ1 活字と手書き文字・画数・筆順
言葉発見② 話し言葉と書き言葉

確認

◇活字にはさまざまなデザインのものがある。
◇伝えたいことを音声で伝えるときは話し言葉、文字で伝えるときは書き言葉を用いる。

5分間攻略ブック p.3

テストに出る！ ココが要点

漢字のしくみ1 活字と手書き文字・画数・筆順

●活字…本や新聞などの印刷物に使われる文字の型。

・明朝体（みんちょうたい） 花 衣 …最も広く使われている。

・ゴシック体 花 衣 …強調したいところによく見られる。

・教科書体 花 衣 …楷書の手書き文字に近い書体。

●画…漢字の一筆で書く一つ一つの線や点。合計を画数という。

●筆順…漢字の画を書く順序。

	画数	筆順
花	7画	一→十→艹→艹→艹→芢→花

筆順には、①上から下へ（例 三）、②左から右へ（例 川）、③横から縦へ（例 十）、④外側から内側へ（例 内）などの原則がある。

例題

1 次の文で、明朝体（みんちょうたい）の説明にはアを、教科書体の説明にはイを書きなさい。

① 新聞の本文など、最も広く使われている。（　）

② 画数が楷書の手書き文字と異なる場合がある。（　）

答えと解説

1 ①ア ②ア ③イ

①明朝体は**印刷物**で最も広く使われている。
②明朝体の字形は**手書き文字と異なる。**

テストに出る！ 予想問題

解答 p.3　20分　100点

漢字のしくみ1 活字と手書き文字・画数・筆順

1 次の活字の種類をあとから一つずつ選び、記号で答えなさい。 4点×3〔12点〕

① 運　② 装　③ 糸

ア 明朝体（みんちょうたい）　イ ゴシック体　ウ 教科書体

①　②　③

2 よく出る 次の漢字の画数を漢数字で答えなさい。 5点×4〔20点〕

① 飽　② 邦　③ 極　④ 蒸

①　②　③　④

3 よく出る 次の漢字の太字の部分は何画めですか。漢数字で答えなさい。 5点×4〔20点〕

① 唾　② 悲　③ 医　④ 忙

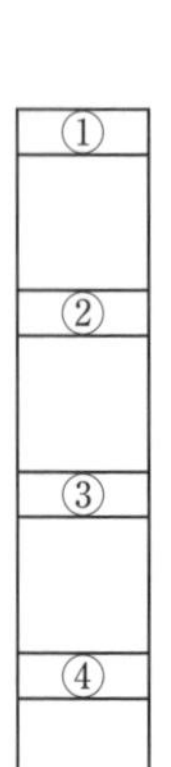

漢字を読もう！ ①行為 ②踊る ③必需品

←答えは左ページ

③ デザインが楷書の手書き文字に近い。（　　）

2 次の漢字の画数を漢数字で答えなさい。

① 気（　　）　② 役（　　）
③ 級（　　）　④ 災（　　）
⑤ 逆（　　）　⑥ 降（　　）

2 ①六　②七　③九
④七　⑤九　⑥十

曲げる画は一画になる。⑤「辶」の部分は三画。

③教科書体の字形は、**楷書の手書き文字に近い。**

テストに出る！ **ココが要点**

言葉発見②　話し言葉と書き言葉

●話し言葉…**音声**によって伝えるときに使う言葉。その場限り。
特徴（とくちょう）…①「あのね」「〜って」など書き言葉で使わない表現がある。②状況（じょうきょう）に応じて内容を**省略**できる。③言葉の順序の逆転（**倒置**（とうち））やその場での言い直しができる。

●書き言葉…**文字**で伝えるときに使う言葉。**記録**として残る。
注意点…①省略をなるべく控（ひか）える。②漢字や平仮名（がな）を使い分ける。③ふさわしい言葉を用いているか確認する。

●**イントネーション**…文末の上げ下げの口調。

●**プロミネンス**…文の中のある部分を強調して発音すること。

例題

1 説明に合うものを選びなさい。

① 文の中のある部分を強調して発音すること。（　　）
② 文末の上げ下げの口調。（　　）

ア イントネーション　**イ** プロミネンス

答えと解説

1 ①イ　②ア

「イントネーション」と「プロミネンス」は、どちらも言葉に**話し手の気持ちや意味をこめる**はたらきをする。

4 **言葉発見②　話し言葉と書き言葉**
次の説明が、話し言葉のものにはア、書き言葉のものにはイを書きなさい。　4点×5〔20点〕

① イントネーションによって、意味合いが変わる。
② 必要に応じて句読点を使う工夫（くふう）が必要である。
③ 記録として残すことができる。
④ 相手の反応を見られないので、省略をなるべく控（ひか）える。
⑤ 間合いをおく言葉が使われやすい。

①
②
③
④
⑤

5 **次の文を話すとき、①②のときには、どの言葉を強調すればよいですか。強調して発音する言葉を書きなさい。**　6点×2〔12点〕

「昨日、子犬が三匹（びき）生まれたよ。」

① 何が生まれたのかを強調したいとき。
② いつ生まれたのかを強調したいとき。

①
②

6 やや難 **次の――線の話し言葉を書き言葉に書きかえなさい。**　8点×2〔16点〕

① この文章は<u>ちょっと</u>難しいです。
② 世界では、気候の温暖化が<u>進んでるんだって</u>。

①
②

漢字で書こう！　①こうい　②おど（る）　③ひつじゅひん
答えは右ページ➡

教科書 p.64〜p.75

空中ブランコ乗りのキキ

ココが要点

キキの決意（教p.67〜p.69）▶例題

●金星サーカスのピピが三回宙返りに成功したことを知るキキ。
●キキの人気も今夜限り。明日の晩の拍手は今夜の拍手ほど大きくないだろう。→明日の晩、四回宙返りをすることを決意するキキ。
●おばあさんが、死ぬ覚悟（かくご）のキキに青い水の入った小瓶をわたす。

四回宙返りに挑むキキ（教p.69〜p.72）▶予想問題

●港町では、ピピが三回宙返りに成功したという話題でもちきり→キキが四回宙返りをやるという看板→町中の人々はキキのテントへ。
●キキは命をかけた四回宙返りにいどみ、成功する。
●キキはもうどこにもいなかった→白い大きな鳥が飛んでいく。

主題

◆空中ブランコ乗りのキキは、お客さんの拍手をもらうため、死を覚悟して四回宙返りにいどむ。キキの純粋（じゅんすい）ではかない生き方を描いた作品。

5分間攻略ブック p.5

例題　キキの決意

「今夜、この先の町にかかっている金星サーカスのピピが、三回宙返りをやったよ。」

「①**本当ですか。**」

「とうとう成功したのさ。みごとな三回宙返りだったそうだよ。」

「そうですか……。」

「その評判を書いた新聞が、今、定期船でこの町へ向かって走っている。明日の朝にはこの町に着いて、みんなに配られる。おまえさんの三回宙返りの人気も、今夜限りさ……。」

「②**そうですね……。**」

「そうだよ。明日の晩の、拍手は、今夜の拍手ほど大きくはないだろうね。」

「でもね、おばあさん。金星サーカスのピピがやったとしても、③**まだ世界には三回宙返りをやれる人は、**二

1　――線①、②のキキの言葉には、どのような気持ちがこめられていますか。それぞれ選びなさい。

ア　憎（にく）しみ
イ　不安
ウ　驚（おどろ）き
エ　安心

2　――線③には、キキのどのような気持ちが表れていますか。選びなさい。

ア　ピピが三回宙返りに成功したことを知らせたおばあさんを、うらむ気持ち。
イ　ピピが三回宙返りをすれば、もう自分はしなくていいと安心する気持ち。

答えと解説

1　①ウ　②イ

①キキは、自分しかできなかった三回宙返りをピピが成功させたと聞いたので、**驚いて**いる。
②三回宙返りができる者の出現で、自分の人気が落ちるのではないかと**不安**を感じている。

2　ウ

おばあさんに「明日の晩の、拍手は、……大きくはないだろうね。」と言われたことに対して、「でもね」と切り出していることに注意する。キキは、三回宙返りができるのは世

漢字を読もう！　①跳ねる　②網　③片隅
←答えは左ページ

人しかいないんですよ。」

「今までは、おまえさん一人しかできなかったのさ。それが、ピピにもできるようになったんだからね。お客さんは、それじゃ練習さえすれば、誰にでもできるんじゃないかな、って考え始めるよ。」

キキは黙ってぼんやりと海の方を見ました。しかしまもなく振り返ってほんのちょっとほほえんでみせると、そのままゆっくり歩き始めました。

「おやすみなさい。おばあさん。」

「お待ち。」

キキは立ち止まりました。

「おまえさんは、明日の晩四回宙返りをやるつもりだね。」

「ええそうです。」

「死ぬよ。」

「いいんです。死んでも。」

「おまえさんは、お客さんから大きな拍手をもらいたいという、ただそれだけのために死ぬのかね。」

「そうです。」

「いいよ。④**それほどまで考えてるんだったら**、おまえさんに四回宙返りをやらせてあげよう。おいで……。」

おばあさんは、かたわらの小さなテントの中に入り、やがて、⑤**澄んだ青い水**の入った小瓶を持って現れました。

「これを、やる前にお飲み。でも、いいかね。一度しかできないよ。一度やって世界中のどんなブランコ乗りも受けたことのない盛大な拍手をもらって……それで終わりさ。それでもいいなら、おやり。」

〔別役（べつやく）実（みのる）「空中ブランコ乗りのキキ」による〕

ウ　世界に二人しかいないのだから、自分の人気が落ちるとは限らないと思う気持ち。（　　）

3　四回宙返りをすることを決意したキキの様子を表す一文を抜き出し、はじめの五字を書きなさい。

□□□□□

4　よく出る　――線④は、キキのどのような思いに対して言った言葉ですか。

四回宙返りを［　　］させて、お客さんから［　　　　　］をもらえるなら［　　　　］いいという思い。

5　よく出る　――線⑤には、どのような効き目があると考えられますか。選びなさい。

ア　三回宙返りをして、必ず拍手がもらえるという効き目。

イ　四回宙返りを一度だけ成功させることができるという効き目。

ウ　キキ以外は誰も、四回宙返りができなくなるという効き目。（　　）

界には**二人しかいない**のだから、自分の**人気は落ちないのではないか**と考えている。

3　しかしまも

「ほほえんで」と「ゆっくり歩き始めました」という動作から、キキが四回宙返りを**決意**したことを読み取る。

4　成功・大きな拍手（盛大な拍手）・死んでも

――線④の前の、おばあさんとキキの会話から、言葉を抜き出す。「いいんです。死んでも。」には、**お客さんから大きな拍手をもらえるなら死んでもいい**という、キキの空中ブランコ乗りとしての**強い思い**がこめられている。

5　イ

――線⑤のあとの、おばあさんの言葉の中に「やる前にお飲み」「**一度しかできないよ**」と書かれている。また、「それで終わりさ」は、四回宙返りが一度しかできないことだけでなく、人間としての終わり、つまり、死を意味している。

漢字で書こう！　①は（ねる）　②あみ　③かたすみ
答えは右ページ➡

テストに出る！

予想問題

解答 p.3

30分

100点

次の文章を読んで、問題に答えなさい。

次の日、その港町では、金星サーカスのピピがついに三回宙返りに成功したという話題でもちきりでした。

でも、午後になると、その町の中央広場のまん中に、大きな看板が現れました。

「今夜、キキは、四回宙返りをやります。」

町の人々は、一斉に口をつぐんでしまいました。そして①その看板を見たあと、ピピのことを口にする者は誰もいなくなりました。

夕食が終わると、ほとんど町中の人々がキキのサーカスのテントに集まってきました。

「おい、およしよ。死んでしまうよ。」

ピエロのロロがテントの陰で出番を待っているキキに近づいてきてささやきます。

「練習でも、まだ一度も成功していないんだろう？」

陽気な団長さんまでが、心配そうにキキを止めようとします。

「②だいじょうぶですよ。きっとうまくゆきます。心配しないでください。」

音楽が高らかに鳴って、キキは白鳥のようにとび出してゆきました。

テントの高い所にあるブランコまで、縄ばしごをするすると登ってゆくと、お客さんにはそれが、天に昇ってゆく白い魂（たましい）のように見えました。ブランコの上で、キキは、お客さんを見下ろして、ゆっくり右手を上げながら心の中でつぶやきました。

「見ててください。四回宙返りは、この一回しかできないのです。」

ブランコが揺れるたびに、キキは、世界全体がゆっくり揺れて

---

1 ――線①「その看板を見たあと、ピピのことを口にする者は誰もいなくなりました」とありますが、なぜですか。次から一つ選び、記号で答えなさい。〔10点〕

ア　あっという間にキキに先を越されてしまったピピのことを口にするのは、ばかばかしかったから。

イ　本当にキキは、四回宙返りができるのだろうかということに、興味が移ってしまったから。

ウ　この町には、キキという空中ブランコ乗りがいたのに、簡単にピピをほめてしまったことを悪いと思ったから。

エ　とてもできそうにない四回宙返りのことを看板で宣伝するサーカスに、思わずあきれてしまったから。

□

2 よく出る ――線②「だいじょうぶですよ。きっとうまくゆきます。」とありますが、キキがこう言った理由として適切なものを次から一つ選び、記号で答えなさい。〔10点〕

ア　失敗してもおばあさんが何とかしてくれるから。

イ　失敗しても死ぬことはないと思っているから。

ウ　ピピよりもたくさん練習してきたから。

エ　おばあさんからもらった薬があるから。

□

3 よく出る ――線③「白い鳥」とはキキをたとえた表現ですが、同様にキキの動く様子がたとえられているものを同じ段落から三つ、それぞれ三字以内で順に抜き出しなさい。10点×3〔30点〕

□□□　□□□　□□□

漢字を読もう！ ①拍手　②寂しい　③揺れる

←答えは左ページ

いるように思えました。薬を口の中に入れました。

「あのおばあさんも、このテントのどこかで見ているのかな……。」

キキは、ぼんやり考えました。

しかし、次の瞬間、キキは、大きくブランコを振って、真っ暗な天井の奥へ向かってとび出していました。

ひどくゆっくりと、大きな③白い鳥が滑らかに空を滑るように、キキは手足を伸ばしました。それがむちのようにしなって、一回転します。また花が開くように手足が伸びて、抱き抱えるようにつぼんで……二回転。今度は水から跳び上がるお魚のように跳ねて……三回転。お客さんは、はっと息をのみました。

しかしキキは、やっぱり緩やかに、ひょうのような手足を弾ませると、次のブランコまでたっぷり余裕を残して、四つめの宙返りをしておりました。

人々のどよめきが、潮鳴りのように町中を揺るがして、その古い港町を久しぶりに活気づけました。④人々はみんな思わず涙を流しながら、辺りにいる人々と、肩をたたき合いました。

でもそのとき、誰も気づかなかったのですが、キキはもうどこにもいなかったのです。お客さんがみんな満足して帰ったあと、がらんとしたテントの中を、団長さんをはじめ、サーカス中の人々が必死になって捜し回ったのですが、無駄でした。

翌朝、サーカスの大テントのてっぺんに白い大きな鳥が止まっていて、それが悲しそうに鳴きながら、海の方へと飛んでいったといいます。

もしかしたら⑤それがキキだったのかもしれないと、町の人々はうわさしておりました。

〔別役実「空中ブランコ乗りのキキ」による〕

4 ——線④「人々はみんな……肩をたたき合いました。」とありますが、これは、人々のどんな気持ちを表していますか。次から一つ選び、記号で答えなさい。〔15点〕

ア 四回宙返りの成功の感動を互いに分かち合い、喜ぶ気持ち。
イ キキが姿を消してしまった悲しみを乗り越えようとする気持ち。
ウ 次はピピが四回宙返りを成功させるだろうと期待する気持ち。
エ 四回宙返りが成功したので、自分たちの町がこれまで以上に有名になると喜び合う気持ち。

5 やや難 ——線⑤「それがキキだったのかもしれない」とありますが、「それ」は何を指していますか。「海」という言葉を使って、三十字以内で書きなさい。〔20点〕

6 この文章に描かれたキキの生き方に合うものを、次から一つ選び、記号で答えなさい。〔15点〕

ア 人気を奪われまいと必死になった、頑固で哀れな生き方。
イ 人気が全てだとしか考えられない、傲慢で哀れな生き方。
ウ 命をかけてスターとしての道を選んだ、純粋で悲しい生き方。
エ おばあさんの罠にはまり命を落とした、純粋で悲しい生き方。

漢字で書こう！ ①はくしゅ ②さび(しい) ③ゆ(れる)
答えは右ページ➡

文法の窓1　言葉の単位・文節の関係

確認

◆文は、意味のまとまり（＝文の成分）からできている。
◆文の成分には「主語（部）」「述語（部）」「修飾語（部）」「接続語（部）」「独立語（部）」がある。

5分間攻略ブック p.18

テストに出る！ココが要点

言葉の単位

●文……考えや気持ち、できごとなどの事柄を表し、句点（。）でくぎられるひと続きの言葉のまとまり。
●文節…文を発音や意味のうえで不自然にならないように、できるだけ小さくくぎった言葉のまとまり。「ネ」「サ」を入れて自然に切れる部分が文節の切れめ。
●単語…文節を組み立てている一つ一つの言葉。

文節の関係

①主述の関係…「何が」「誰が」を表す主語と「どうする」「どんなだ」「何だ」「ある・いる」を表す述語の関係。
②修飾・被修飾の関係…他の文節を詳しく説明する（修飾する）文節と、修飾される文節とが作る関係。
③接続語…文と文、文節と文節とをつなぐはたらきをする文節。
④独立語…他の文節とは直接結びつかず、独立している文節。応答や挨拶、呼びかけ、感嘆、話題の提示などを表す。

連文節

二つ以上の文節がまとまって一つの文の成分のはたらきをしているものを連文節という。「主部」「述部」「修飾部」「接続部」「独立部」がある。また、次のような関係も連文節となる。
・並立の関係…文節どうしが対等の関係。例鉛筆と 消しゴムが
・補助の関係…実質的な意味を表す文節と、その文節に補助的な意味をそえる文節との関係。
例読んで いる

テストに出る！予想問題

解答 p.4　20分　100点

1 よく出る 次の文を文節にくぎって、／を書きなさい。4点×5〔20点〕

① 黄色い羽のちょうがひらひら飛ぶ。
② わたしは今日近くの公園に行った。
③ 黒い雲が広がり、冷たい風も吹いてきた。
④ 明日は遠足なので、お弁当の用意をしよう。
⑤ この本のさし絵は、ぼくの母が描いている。

2 次の文を単語にくぎって、／を書きなさい。4点×4〔16点〕

① オレンジとグレープのジュースを飲む。
② 公民館のとなりに動物園がある。
③ おじさんはとても歌がうまいらしい。
④ 海岸にそった道を自転車で走る。

3 次の文の主語（主部）には――、述語（述部）には═══を引きなさい。完答4点×3〔12点〕

① 大きく 開いた 窓から 風が 入る。
② 姉と わたしは 評判の 映画を 見て いた。
③ 県立公園は わたしたちの 学校の 運動場よりも 広い。

漢字を読もう！ ①捉える　②並び　③窓
←答えは左ページ

例題

1 次の文で、／は何のまとまりをくぎっていますか。あとから選びなさい。

① 八百屋／で／トマト／を／買う。
② 図書館で／本を／二冊／借りる。

ア 文節　**イ** 文　**ウ** 単語

①（　　）②（　　）

2 次の文の――線部の文節のはたらきを□から選んで書きなさい。

① 私は、（ア）毎日　日記を　書く。（イ）
ア（　　）**イ**（　　）
② 白い（ア）　雲が　ぽっかり（イ）　うかぶ。
ア（　　）**イ**（　　）
③ さようなら。（ア）そして（イ）　また　会おう。
ア（　　）**イ**（　　）

接続語　独立語　修飾語
主語　述語

3 次の文の――線部が修飾している文節に――を引きなさい。

① かすかに　鳥の　鳴き声が　聞こえる。
② おそらく、彼は　まだ　来ないだろう。

答えと解説

1 ①ウ　②ア

言葉の単位は、大きい方から、文章・談話→段落→文→文節→単語の順になっている。

2 ①ア主語　イ述語
②ア修飾語
イ修飾語
③ア独立語
イ接続語

――線部の意味が他のどの言葉につながるかを考える。
①ア・イは「**誰が**」「**どうする**」を表す主述の関係。
②「白い」は「雲が」を、「ぽっかり」は「うかぶ」を修飾している。
③「さようなら」は**挨拶**（あいさつ）。

3 ①聞こえる
②来ないだろう

①「かすかに―聞こえる」と意味がつながる。

4 よく出る　**次の各文の――線部の関係として適切なものをあとから選び、記号で答えなさい。**　4点×4〔16点〕

① 明日は　雨か　雪か　わからない。
② 自分の　部屋で　音楽を　聴（き）いて　いた。
③ ぼくも　一緒に　買い物に　行った。
④ とつぜん　バタンと　ドアが　閉まった。

ア 主述の関係　**イ** 修飾・被修飾の関係
ウ 並立（へいりつ）の関係　**エ** 補助の関係

①
②
③
④

5 やや難　**次の――線部は、各文において、それぞれどんなはたらきをしていますか。あとから選び、記号で答えなさい。**　2点×18〔36点〕

① 夜空に　たくさんの　星が　きらきらと　かがやいて　いる。
② はい、　この　電車は　次の　駅で　止まります。
③ サッカー選手、　それが　ぼくの　夢です。
④ 雨が　降って　いるので、　母と　妹は　車で　でかけた。
⑤ 兄の　描く　絵は、　とても　写実的だ。

ア 主語（部）　**イ** 述語（部）　**ウ** 修飾語（部）
エ 接続語（部）　**オ** 独立語（部）

漢字で書こう！　①とら（える）　②なら（び）　③まど
答えは右ページ➡

教科書 p.78〜p.83

字のない葉書

主題

◆家では暴君だった父だが、親元を離れた筆者に送ってきた手紙や、疎開する幼い末娘に持たせた葉書には、娘に対する深い愛情や優しさがこめられていた。

⇨ 5分間攻略ブック p.6

テストに出る！ ココが要点

父からの手紙（教 p.78〜p.79）▶例題

●初めて親元を離れた私に、三日にあげず手紙をよこす筆まめな父。
→「殿」を使った表書き→こそばゆいような晴れがましいような気分。
●私を貴女と呼び訓戒を添える手紙の中の父は、日頃の暴君とは違い、威厳と愛情にあふれた非の打ちどころのない父親であった。

字のない葉書（教 p.79〜p.81）▶予想問題

●字が書けない小学一年の末娘が疎開するとき、自分宛ての宛名を書いた葉書を持たせる父→幼い娘を案じる親心。
●赤鉛筆の大マル→小マル→バツ→届かない→百日ぜきを思う妹。
●娘を抱き、声をあげて泣く父→驚き、父の深い愛情に感動する。

例題　父からの手紙

死んだ父は①筆まめな人であった。

私が女学校一年で初めて親元を離れたときも、②三日にあげず手紙をよこした。当時保険会社の支店長をしていたが、③一点一画もおろそかにしない大ぶりの筆で、

「向田邦子殿」

と書かれた表書きを初めて見たときは、④ひどくびっくりした。父が娘宛ての手紙に「殿」を使うのは当然なのだが、つい四、五日前まで、

「おい邦子！」

と呼び捨てにされ、「ばかやろう！」の罵声やげんこつは日常のことであったから、突然の変わりように、こそばゆいような晴れがましいような気分になったのであろう。

1 ——線①〜③から、父は、どのような性格の人物だと考えられますか。選びなさい。

ア　わがままでおこりっぽい性格。
イ　真面目できちょうめんな性格。
ウ　せっかちで自分勝手な性格。

（　　）

2 ——線④について答えなさい。

(1) ひどくびっくりしたのはなぜですか。

四、五日前は□□□□にされていたのに、宛名に「□」という敬称が使われていたから。

答えと解説

1 イ

「筆まめ」「三日にあげず」「一点一画もおろそかにしない」から、真面目できちょうめんな性格が読み取れる。

2 (1) 呼び捨て・殿
(2) こそばゆい

(1)「びっくりした」理由は、つい四、五日前まで「おい邦子！」と**筆者を呼び捨てにしていた父が、「向田邦子殿」と敬称を使っていた**からだ。

漢字を読もう！　①鉛筆　②全滅　③寝る
←答えは左ページ

文面も、折りめ正しい時候の挨拶に始まり、新しい東京の社宅の間取りから、庭の植木の種類まで書いてあった。文中、私を貴女と呼び、
「貴女の学力では難しい漢字もあるが、勉強になるからまめに字引を引くように。」
という訓戒も添えられていた。
⑤**ふんどし一つで家中を歩き回り、大酒を飲み、かんしゃくを起こして母や子供たちに手を上げる父**の姿はどこにもなく、威厳と愛情にあふれた非の打ちどころのない父親がそこにあった。
暴君ではあったが、反面てれ性でもあった父は、他人行儀という形でしか十三歳の娘に手紙が書けなかったのであろう。もしかしたら、⑥**日頃気恥ずかしくて演じられない父親**を、手紙の中でやってみたのかもしれない。

〔向田 邦子「字のない葉書」による〕

(2) よく出る ——線④と同時に感じた筆者の気持ちを表す十九字の言葉を抜き出し、はじめの五字を書きなさい。

3 ——線⑤の父を表している二字の言葉を抜き出しなさい。

4 ——線⑥とは、どのような父親ですか。二十二字で抜き出し、はじめの五字を書きなさい。

5 最後の段落には、筆者のどのような気持ちが表れていますか。選びなさい。
ア 威厳があり他人行儀だった父を尊敬し、誇りに思う気持ち。
イ 厳しかった父に対する反発と、憎しみを感じる気持ち。
ウ 年月を経た今、当時の父の心情を思いやり、なつかしく思う気持ち。（　　）

(2)敬称がついた手紙を受け取った筆者は、突然父に**一人前に扱われたように感じ**、「**こそばゆいような晴れがましいような気分**」になったのである。

3 暴君
——線⑤のある段落の次の段落に、「**暴君**ではあったが」とある。

4 威厳と愛情
——線⑥の前の段落にある「非の打ちどころのない」という言葉に注目する。「気恥ずかしくて演じられない父親」とは、「**威厳と愛情にあふれた非の打ちどころのない父親**」のこと。

5 ウ
最後の段落中の各文末が「書けなかったのであろう」「やってみたのかもしれない」と推量の形になっていることに注意する。筆者は、大人になってあらためて**父の心情が理解でき**、深い愛情をもって接してくれていた**父のことを懐かしく思っている**のだ。

漢字で書こう！ ①えんぴつ　②ぜんめつ　③ね(る)
答えは右ページ➡

テストに出る！

予想問題

次の文章を読んで、問題に答えなさい。

解答 p.4　30分　100点

終戦の年の四月、小学校一年の末の妹が甲府に学童疎開をすることになった。すでに前の年の秋、同じ小学校に通っていた上の妹は疎開をしていたが、下の妹は余りに幼く不憫だというので、両親が手放さなかったのである。ところが三月十日の東京大空襲で、家こそ焼け残ったものの命からがらの目に遭い、このまま一家全滅するよりは、と心を決めたらしい。

妹の出発が決まると、暗幕を垂らした暗い電灯の下で、母は当時貴重品になっていたキャラコで肌着を縫って名札をつけ、父はおびただしい葉書に①きちょうめんな筆で自分宛ての宛名を書いた。

②「元気な日はマルを書いて、毎日一枚ずつポストに入れなさい。」と言ってきかせた。妹は、まだ字が書けなかった。

宛名だけ書かれたかさ高な葉書の束をリュックサックに入れ、雑炊用の丼を抱えて、妹は遠足にでも行くようにはしゃいで出かけていった。

一週間ほどで、初めての葉書が着いた。③紙いっぱいはみ出すほどの、威勢のいい赤鉛筆の大マルである。付き添っていった人の話では、地元婦人会が赤飯やぼた餅をふるまって歓迎してくださったとかで、かぼちゃの茎まで食べていた東京に比べれば大マルにちがいなかった。

ところが、次の日からマルは急激に小さくなっていった。情けない黒鉛筆の小マルはついにバツに変わった。その頃、少し離れ

2 ――線②「元気な日はマルを書いて、毎日一枚ずつポストに入れなさい。」とありますが、父はなぜこう言ったのですか。次から一つ選び、記号で答えなさい。〔15点〕

ア　疎開先での娘の生活を、くわしく知りたかったから。
イ　娘に、手紙を書く習慣を身につけさせたかったから。
ウ　遠くへ疎開させる幼い娘のことが、心配だったから。
エ　娘の健康状態を、記録して残しておきたかったから。

3 ――線③「紙いっぱいはみ出すほどの、威勢のいい赤鉛筆の大マル」について答えなさい。

(1) やや難 ――線③からは、妹のどのような様子がわかりますか。〔15点〕

(2) ――線③は、このあとどのように変化していきましたか。それがわかる連続する二文を文章中から抜き出し、一文めのはじめの五字を書きなさい。〔15点〕

4 よく出る ――線④「小さいのに手を……何も言わなかった。」とありますが、父が「何も言わなかった」のは、なぜですか。□にあてはまる言葉を、文章中から抜き出しなさい。〔10点〕

漢字を読もう！　①添える　②十三歳　③威厳
←答えは左ページ

た所に疎開していた上の妹が、下の妹に会いに行った。

下の妹は、校舎の壁に寄り掛かって梅干しの種をしゃぶっていたが、姉の姿を見ると種をぺっと吐き出して泣いたそうな。

まもなくバツの葉書も来なくなった。三月めに母が迎えに行ったとき、百日ぜきを患っていた妹は、しらみだらけの頭で三畳の布団部屋に寝かされていたという。

妹が帰ってくる日、私と弟は家庭菜園のかぼちゃを全部収穫した。④小さいのに手をつけると叱る父も、この日は何も言わなかった。私と弟は、一抱えもある大物からてのひらに載るうらなりまで、二十数個のかぼちゃを一列に客間に並べた。これくらいしか妹を喜ばせる方法がなかったのだ。

夜遅く、出窓で見張っていた弟が、

「帰ってきたよ！」

と叫んだ。茶の間に座っていた父は、はだしで表へとび出した。防火用水桶の前で、痩せた妹の肩を抱き、⑤声をあげて泣いた。私は⑥父が、大人の男が声をたてて泣くのを初めて見た。

〔向田 邦子「字のない葉書」による〕

1 ——線①「自分宛ての宛名を書いた」とありますが、なぜ父は宛名を書いておいたのですか。〔10点〕

妹を□□□□方法が他にないことを、父もわかっていたから。

5 妹の無事な姿を一刻も早く見たいという父の気持ちが、行動に表れている一文を文章中から抜き出し、はじめの五字を書きなさい。〔10点〕

6 ——線⑤「声をあげて泣いた」とありますが、このときの父の気持ちを次から二つ選び、記号で答えなさい。5点×2〔10点〕

ア 疎開先で娘を看病してくれなかった人々を、恨む気持ち。
イ 疎開先から帰ってきてしまった娘を、情けなく思う気持ち。
ウ 幼い娘につらい思いをさせたことを、すまないと思う気持ち。
エ 葉書が娘の役に立たなかったことを、残念に思う気持ち。
オ とにかく娘が無事に帰ってきたことに、安心する気持ち。

7 よく出る ——線⑥「父が、大人の男が声をたてて泣くのを初めて見た」とありますが、このとき筆者はどのような気持ちでしたか。次から一つ選び、記号で答えなさい。〔15点〕

ア 父が泣いたことにあきれるとともに、愉快にも感じる気持ち。
イ 父が泣いたことに驚くとともに、深い愛情に感動する気持ち。
ウ 父の泣き声の大きさに驚くとともに、情けなく思う気持ち。
エ 父の泣く姿を、今ここでは見たくないと思う気持ち。

漢字で書こう！ 答えは右ページ➡ ①そ(える) ②じゅうさんさい ③いげん

教科書 p.85～p.87

漢字のしくみ2　部首と成り立ち

確認

◇漢字を形によって分類するために選ばれた、いくつかの漢字を部首という。
◇同じ部首の漢字は共通の意味をもつことが多い。

5分間攻略ブック p.6

●漢字の部首…漢字を形で分類するために選ばれた、いくつかの漢字。
- へん　例体（にんべん）　純（いとへん）
- つくり　例助（ちから）　部（おおざと）
- かんむり　例芽（くさかんむり）　今（ひとやね）
- あし　例熱（れっか・れんが）　先（ひとあし）
- たれ　例度（まだれ）　病（やまいだれ）
- にょう　例辺（しんにょう）　延（えんにょう）
- かまえ　例国（くにがまえ）　開（もんがまえ）

●漢字の成り立ち…次の四種類に分類される。
- 象形…物の形をかたどって、そのものを表すこと。
- 指事…形のない、抽象（ちゅうしょう）的な事柄（ことがら）を図形のように表すこと。
- 会意…意味に注目して、二つ以上の字を組み合わせて新しく漢字を作ること。
- 形声…意味を表す要素と音を表す要素とを組み合わせることで、新しく漢字を作ること。

この他に、漢字の使い方として、次の二種類がある。
- 転注…もとの意味と関係のある別の意味として使われること。
- 仮借（かしゃ）…もとの意味とは関係なく、漢字の音だけを借りて表す。

これらをまとめて六書（りくしょ）と呼ぶ。
また、日本で独自に作られた漢字もある…国字。

テストに出る！予想問題

解答 p.5　20分　100点

1 よく出る　次の部首の名前を、例にならって書きなさい。　4点×6〔24点〕

例　木 → きへん
① 扌　② ⺮
③ 頁　④ 辶
⑤ 皿　⑥ 厂

①	③	⑤
②	④	⑥

2 よく出る　次の漢字の部首が表す意味をあとから一つずつ選び、記号で答えなさい。　3点×4〔12点〕

① 禾（のぎへん）　② 宀（うかんむり）
③ 阝（おおざと）　④ 灬（れっか・れんが）

ア　人が住んでいる場所・町・村　イ　いねの形
ウ　物が燃えている様子　エ　屋根の形

①	②	③	④

漢字を読もう！　①肝要　②迎える　③腎臓
←答えは左ページ

例題

1 次の漢字の太字の部分はどの部首に分類されますか。選びなさい。

① **盛**（　　）
② **組**（　　）
③ **近**（　　）
④ **利**（　　）
⑤ **若**（　　）
⑥ **閉**（　　）
⑦ **店**（　　）

ア へん　イ つくり
ウ かんむり　エ あし
オ たれ　カ にょう
キ かまえ

2 次の漢字の成り立ちにあてはまる漢字をそれぞれ選びなさい。

① 象形（　　）
② 指事（　　）
③ 会意（　　）
④ 形声（　　）

ア 群　イ 魚
ウ 下　エ 鳴

答えと解説

1 ①エ　②ア　③カ
④イ　⑤ウ　⑥キ
⑦オ

太字の部分が漢字のどの部分に位置しているかを見る。
①**下**にある。さら。
②**左側**にある。いとへん。
③**左側と下側**にある。しんにょう。
④**右側**にある。りっとう。
⑤**上**にある。くさかんむり。
⑥**上と右側、左側**にある。もんがまえ。
⑦**上と左側**にある。まだれ。

2 ①イ　②ウ　③エ
④ア

漢字の形や意味に着目。
②「下」は、**形のない、抽象的な事柄**を表す。
③「鳴」は口＋鳥、④「群」は君＋羊を**組み合わせてできた漢字**。

3 次の漢字が共通して属している部首のもととなる漢字を、一字で書きなさい。　3点×4〔12点〕

① 晴・春　② 胃・腹
③ 池・氷　④ 思・愛

①	②	③	④

4 よく出る 次の漢字から、部首を抜き出して書き、その部首の名前をあとから選んで書きなさい。　3点×12〔36点〕

① 組　② 都　③ 庁
④ 照　⑤ 起　⑥ 関

ア まだれ　イ おおざと　ウ れっか
エ もんがまえ　オ いとへん　カ そうにょう

	部首	名前
①		
②		
③		
④		
⑤		
⑥		

5 やや難 次の漢字の意味を表す部分と音を表す部分を、それぞれ書きなさい。　完答4点×4〔16点〕

① 河　② 草
③ 横　④ 飯

	意味	音
①		
②		
③		
④		

漢字で書こう！　①かんよう　②むか（える）　③じんぞう
答えは右ページ➡

玄関扉

教科書 p.96～p.103

テストに出る！ ココが要点

日本の住宅のドアはなぜ外開きか（教 p.96～p.97）▼予想問題

●日本の玄関ドアは外開きなのに対して、欧米の玄関ドアは内開き。
●日本の玄関ドアが外開きである理由
①履き物を脱ぐから。
②玄関の土間を水洗いしたいから。
③隙間(すきま)風を嫌うから。
→日本人の生活様式に適した、現実的な解決。

欧米のドアと日本の扉の違い（教 p.98～p.99）▼例題

●内開きのドア｛「いらっしゃいませ」と開くだけではない。外敵の侵入を防ぐため＝直接的な闘争の表現。
●欧米人は内開きのドアを選択(せんたく)→敵対的な存在を厳しく締め出そうとするヨーロッパ的な考え方を反映している。
●日本の引き戸→相対する者のどちらの位置も侵さず、横に滑って視界から消える。親和的、融合的な態度の表れ。

要旨

◇日本の玄関扉が外開きなのは、履き物を脱ぐ、玄関土間を水洗いする、隙間(すきま)風を嫌うという生活様式や、〝おじぎ〟をするという生活習慣に適しているからではないか。

⇨ 5分間攻略ブック p.7

例題　欧米のドアと日本の扉の違い

内開きのドアは、体当たりによって押し破られもするが、外からの力に負けずに押し返せば、開かない。外部からの侵入を防ぐために、ドアの内側に戸棚などを斜(なな)めに立てかけるのは、映画の場面によく出てくる。このようにすれば、内開きのドアは、例えば鍵(かぎ)を壊(こわ)されても侵入を阻止(そし)できる。これを、外開きのドアの場合に置き換えてみると、侵入しようとする者と中にいる人が、両側からドアを引っぱり合うかたちになって、なんともさまにならない。内開きのドアの場合は、ドアを挟(はさ)んで、外からの力と内からの力がぶつかり合う。それは引っぱり合うのに比べてずっと直接的な闘争の

1 次の内容について、「内開きのドア」についての説明ならA、「外開きのドア」についての説明ならBで答えなさい。

Ⅰ…侵入とそれを防ぐ行動が、両側からドアを引っぱり合うかたちになる。
Ⅱ…外からの力に負けずに内から押し返せば、開かない。
Ⅲ…侵入とそれを防ぐ行動が、直接的な闘争の表現となる。

Ⅰ…（　　）　Ⅱ…（　　）
Ⅲ…（　　）

答えと解説

1 Ⅰ…B　Ⅱ…A　Ⅲ…A

Ⅰ**外開き**のドアは侵入者と「両側からドアを**引っぱり合う**かたち」になるので、さまにならないと筆者は考えている。
Ⅱ**内開き**のドアは、外から押されても、負けずに押し返せば開かない。
Ⅲ**内開き**のドアは、「ドアを挟んで、外からの力と内からの**力がぶつかり合う**」ことになり、「**直接的な闘争の表現**」となると筆者は捉えている。

漢字を読もう！ ①距離(り) ②脱ぐ ③握手
←答えは左ページ

表現となる。①内開きのドアは外来者に対して「いらっしゃいませ。」と開くばかりでなく、ときには外来者を敵として頑固に拒みもするのだ。つまり、欧米人が内開きを選択(せんたく)したのは外敵の侵入を防ぐため、ともいえる。それは家を厚い壁で囲い、都市に市壁をめぐらして自分の領域を明確に示し、敵対的な存在を厳しく締め出そうとする②**ヨーロッパ的な考え方**を反映しているのだろう。

一方、日本はどうかというと、古来、ドア形式が全くなかったわけではないが、圧倒的(あっとうてき)に多かったのは引き戸である。相対する者のどちらの位置も侵さず、横に軽やかに滑って視界から消える、という引き戸の特徴は、自然に対しても近隣の人々に対しても親和的、融合的な日本人の態度にいかにもふさわしいといえよう。

〔渡辺(わたなべ) 武信(たけのぶ)「玄関扉」による〕

2 よく出る ——線①「内開きのドア」を欧米人が選択した理由を、筆者はどう考えていますか。十字で抜き出しなさい。

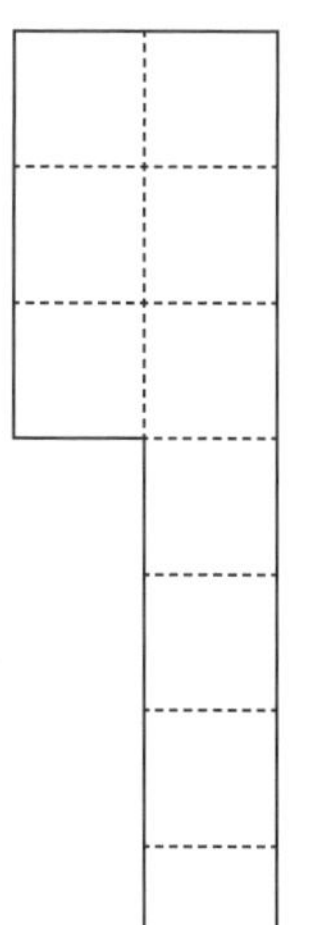

3 よく出る ——線②とはどのような考え方ですか。二つ選びなさい。

ア 相対する者の位置を侵さない。
イ 敵対的な存在を厳しく締め出す。
ウ 力がぶつかり合うのを好む。
エ 自分の領域を明確に示す。

（　　）（　　）

4 筆者は、日本の引き戸の特徴をどのように捉えていますか。

相対する者のどちらの□□も侵さず、横に滑って視界から□□□。

5 筆者は、日本人の自然や近隣の人々への態度を、どのような態度だと述べていますか。

（　　　　）な態度。

2 外敵の侵入を防ぐため

内開きのドアは、外来者に対して「いらっしゃいませ。」と開くだけでなく、ときには外来者を敵として拒みもするという考えのあとに、「**つまり**、欧米人が内開きを選択したのは……」と書かれている。

3 イ・エ

——線②の直前にヨーロッパ的な考え方が述べられている。**自分の領域を明確に示し、敵対的な存在を厳しく締め出そうとする**ヨーロッパ的な考え方を反映して、欧米のドアが内開きになったと筆者は考えている。

4 位置・消える

引き戸は、押し引きがなく、「相対する者の**どちらの位置も侵さず**、横に軽やかに滑って**視界から消える**」という特徴をもつ。

5 親和的、融合的

日本人の自然や近隣の人々への態度は、最後の文の「引き戸の特徴は」のあとに述べられている。

漢字で書こう! ①きょ（り） ②ぬ（ぐ） ③あくしゅ
答えは右ページ➡

テストに出る！

予想問題

次の文章を読んで、問題に答えなさい。

解答 p.5

30分

100点

日本の住宅のドア、特に玄関のドアのあり方は、欧米とかなり違っている。日本の玄関のドアはたいてい外に開くのに対し、欧米では例外なくといっていいほど内側に開くのである。

①外開きか内開きかということになると、客を迎える際にはどうも内開きのほうがぐあいがよさそうだ。外に開くドアは、ドアの開かれるのを待っている客を押しのけることになる。それに比べると内開きのドアは、ちょうど「いらっしゃいませ。」とでもいうように、客を招き入れるように開くからはるかに感じがよい。

それなのに、②なぜ日本の玄関のドアは外に開くのか。その理由は明快で、日本人は玄関で履き物を脱ぐからだ。もし、ドアが内側へ開くと、脱いである履き物に引っかかりやすい。もちろん広さにゆとりがあって、きちんと整理されている玄関なら、何も問題はなかろうが、現在の一般的な住宅の規模では、引っかかるおそれが多い。もう一つの理由として、③玄関土間の水洗いの問題も絡(から)んでくる。玄関に流した水をスムーズに排出するためには、ドアの方向に向かって、土間に水勾配(みずこうばい)をとるのが最も常識的な方法である。こうすると土間は奥のほうが少し高くなるので、ぴったりと閉まっているドアが内側へ開いていくと、ドアの下端(かたん)が土間の高い部分をこすることになる。この難点を避けるためには、ドアの下に、土間の床の高さの変化に応じた隙間(すきま)をつくっておくほかないが、そうすれば隙間風やほこりが入ってくる。

3 よく出る ——線③「玄関土間の水洗い」をするとしたら、ドアが「内開き」の場合はどのような問題がありますか。□にあてはまる言葉を、文章中から抜き出しなさい。 5点×3〔15点〕

土間に排水用の ⓐ［　　　］をとると、開けたドアの下端が土間の高い部分を ⓑ［　　　］ことになる。それを避けるために、ドアの下に隙間をつくると、そこから ⓒ［　　　］やほこりが入ることになるという問題。

4 ——線④「これ」が指すことを次から二つ選び、記号で答えなさい。 5点×2〔10点〕

ア 内開きのドアは、玄関にゆとりがあり履き物が整理しやすいこと。

イ 内開きのドアは、脱いである履き物に引っかかりやすいこと。

ウ 内開きのドアは、玄関土間の水洗いのために、土間の奥のほうが低くなるように水勾配をとらなければならないこと。

エ 内開きのドアは、玄関土間の水洗いのために、ドアの下に隙間を作る必要があること。

オ 内開きのドアは、隙間風やほこりを防ぐために、ドアの下端が土間をこするようにする必要があること。

［　］［　］

漢字を読もう！ ①融合 ②拒む ③頑固
←答えは左ページ

④これに比べると、⑤外開きのドアは技術的処理がずっと楽である。子供が脱ぎ散らかした履き物に、ドアが引っかかる心配をしなくてすむし、ドアに向かって水勾配をとれば水はスムーズに流れだす。土間の勾配を考えてドアの下に隙間をつくる必要がないばかりでなく、土間とドアの外のポーチの間に僅（わず）かの段差をつけて、戸当たりを兼（か）ねさせると、風が吹けば風圧でドアが戸当たりにぴったり押しつけられることになるから、隙間風やほこりも効果的にシャットアウトできる。つまり、玄関ドアの外開きは「履き物を脱ぐ。」「土間を水洗いしたい。」「隙間風を嫌う。」という日本人の生活様式に適した、現実的な解決ということになろう。

〔渡辺（わたなべ）武信（たけのぶ）「玄関扉」による〕

1 ――線①「外開きか内開きか」とありますが、次について、「外開き」のドアの説明ならA、「内開き」のドアの説明ならBで答えなさい。　5点×4〔20点〕

① 欧米の玄関のドア。
② 客を招き入れる感じがする。
③ ドアの外で待っている客を押しのける感じがする。
④ 日本のたいていの玄関のドア。

①［　］②［　］③［　］④［　］

2 ――線②「なぜ日本の玄関のドアは外に開くのか」という問いに対して、筆者が一つめにあげた答えを文章中から抜き出しなさい。〔15点〕

［　　　　］

5 よく出る ――線⑤「外開きのドアは技術的処理がずっと楽である」とありますが、どういう点について楽だと述べているのですか。□にあてはまる言葉を、文章中から抜き出しなさい。　10点×2〔20点〕

・脱いだ履き物にドアがⓐ［　　　　　］心配をしなくてよい点。
・玄関土間に水勾配をとれば、水がスムーズに流れる点。
・隙間風やほこりを効果的にⓑ［　　　　　　　］できる点。

6 やや難 筆者は、日本の玄関ドアが外開きであることをどのように捉えていますか。次から一つ選び、記号で答えなさい。〔20点〕

ア 欧米では玄関ドアは内側に開くので、日本も欧米に合わせて、玄関ドアは内開きにするほうがよい。
イ 外開きのドアは、ドアが開かれるのを待っている客を押しのけることになるので、内開きのドアのほうがよい。
ウ 日本の現在の一般的な住宅の規模では、玄関がせまいので、外開きのドアが多いのもしかたがない。
エ 外開きのドアは、日本人が玄関に求める条件を現実的に解決しており、日本の生活様式に適している。

［　］

漢字で書こう！　①ゆうごう　②こば（む）　③がんこ
答えは右ページ➡

言葉発見③ 接続する語句・指示する語句

確認

◇接続する語句は前後の意味のつながり方で種類が分かれる。
◇「この」「それ」などの指示する語句を「こそあど言葉」と呼ぶ。

テストに出る! ココが要点

●接続する語句

文と文、語と語、段落と段落の意味のつながりを示す。

順接…前があとの原因や理由になる。例だから・したがって

逆接…あとが前と逆になる。例しかし・ところが

並立（へいりつ）**・累加**（るいか）…前にあとを並べたり、つけ加えたりする。例また

説明・補足…前をあとでまとめたり、補ったりする。例つまり

対比・選択（せんたく）…前とあととを比べたり、選んだりする。例または

転換…前から話題を変えて、あとに続ける。例さて・ところで

●指示する語句

目に見える物や場所などを示したり、文中の言葉や内容を指し示したりする。中でも、「これ」「それ」などの語句を**こそあど言葉**と呼ぶ。

こそあど言葉

	近称（きんしょう）	中称	遠称	不定称
事物	これ	それ	あれ	どれ
場所	ここ	そこ	あそこ	どこ
方向	こちら	そちら	あちら	どちら
方向	こっち	そっち	あっち	どっち
状態	こんな	そんな	あんな	どんな
状態	こう	そう	ああ	どう
指定	この	その	あの	どの

テストに出る! 予想問題

解答 p.6　20分　100点

1 □に入る言葉をあとから一つずつ選び、記号で答えなさい。　5点×6〔30点〕

① 朝から雨だ。□、運動会は延期だ。
② 朝から雨だ。□、運動会は行われる。
③ 運動会は延期だ。□、朝から雨だからだ。
④ 明日から冬休みだ。□、どこへ出かけようか。
⑤ いったん休けいしますか。□まだ歩き続けますか。
⑥ パンにバターを塗った。□ハムを二枚のせた。

ア しかし　**イ** さて　**ウ** だから
エ なぜなら　**オ** そして　**カ** それとも

①
②
③
④
⑤
⑥

2 ――線の語句の種類をあとから一つずつ選び、記号で答えなさい。　5点×6〔30点〕

① 美術の授業が好きだ。なぜなら、絵を描くのが得意だからだ。
② 飛行機が運休になった。それで、旅行の行き先を変えた。
③ 次の試合は必ず勝つつもりだった。だが、負けてしまった。
④ 部室の片づけが終わった。では、みんな帰ることにしよう。
⑤ 自転車はとても便利だ。しかも、乗っていて楽しい。
⑥ 申し込みは、書類を郵送するか、あるいは電話でお願いします。

漢字を読もう! ①提案　②敗退
←答えは左ページ

例題

1 □にあてはまるほうを選びなさい。

① 天気予報では晴れだった。□、雨が降り出した。
ア しかし　イ だから　（　　）

② 父はたくさんご飯を食べる。□、大食いなのだ。
ア そして　イ つまり　（　　）

③ 駅からは、バス□タクシーが利用できます。
ア または　イ では　（　　）

2 ——線はどの語句を指し示していますか。

① 結果はどうだったのだろう。それを早く知りたい。
（　　）

② 公園で遊ぶのは楽しかったね。来週もまた、あそこで遊ぼう。
（　　）

答えと解説

1 ①ア　②イ　③ア

空欄（くうらん）の前とあとの意味のつながりを考える。
①「雨が降り出した」は、「天気予報では晴れだった」とは逆になるので、**逆接**。
②「大食いなのだ」は、「たくさんご飯を食べる」をまとめているので、**説明**。
③「バス」と「タクシー」を比べて選ぶので、**対比・選択（せんたく）**。

2 ①結果　②公園

——線の部分に、指し示している語句を入れて、意味が通るかどうか確かめる。
①「**結果**を早く知りたい」となる。
②「来週もまた、**公園**で遊ぼう」となる。

ア 順接　イ 逆接　ウ 並立（へいりつ）・累加（るいか）
エ 説明・補足　オ 対比・選択（せんたく）　カ 転換

①	②	③	④	⑤	⑥

3 □に入る言葉をあとから一つずつ選び、記号で答えなさい。　4点×4〔16点〕

① すぐ□には何が見えますか。
② □は私のペンではありません。
③ □ことでも引き受けます。
④ □に小さく見えるのが、日本アルプスだ。

ア これ　イ あそこ　ウ そこ　エ どんな

①	②	③	④

4 やや難 ——線①・②の指示する語句が指し示している内容を抜き出しなさい。また、A にあてはまる接続する語句をあとから一つ選び、記号で答えなさい。　8点×3〔24点〕

これから進むべき方向について、私は①こう考えている。いったん活動を停止するのが無難だ。A、このまま活動を続けるほうがよいと考える人もいるだろう。前者なら、計画が遅（おく）れるおそれがあるし、②後者なら、活動が失敗に終わるおそれがある。

ア したがって　イ ところで　ウ しかし　エ 例えば

①	②	A

漢字で書こう！ ①ていあん　②はいたい
答えは右ページ➡

月を思う心

教科書 p.114〜p.115

要旨

◆日本人の暮らしは、月と密接な関わりをもっている。和歌に詠まれた月や、月の異名を通して、昔の人の季節感や生活習慣を想像することができる。

ココが要点

月と日本人の暮らし

●旧暦…昔の人が使っていた暦。現在の暦とは、一か月ほど後ろにずれる。

●中秋の名月…旧暦の秋のちょうどまん中となる八月十五日（現在の九月の中頃）の、とりわけ美しい満月のこと。

月の異名と旧暦の季節

一月→睦月	二月→如月	三月→弥生	〔春〕
四月→卯月	五月→皐月	六月→水無月	〔夏〕
七月→文月（ふみづき）	八月→葉月	九月→長月	〔秋〕
十月→神無月	十一月→霜月	十二月→師走	〔冬〕

テストに出る！

予想問題

解答 p.6　30分　100点

次の文章を読んで、問題に答えなさい。

日本語では、空に浮かぶ「月」も、一月、二月というときの「月」も、どちらも「月」と書きます。昔から伝わる次の歌の中の「月」のうち、どの月が空の月で、どの月が一月、二月の月か、わかるでしょうか。

---

1 やや難 ——線①「月」とありますが、これは、どのような意味の「月」ですか。次から一つ選び、記号で答えなさい。〔10点〕

ア　空に浮かぶ「月」

イ　一月、二月というときの「月」

2 ——線②「昔は、月の満ち欠けに合わせた暦を使っていました」について答えなさい。

(1) よく出る この「暦」を何といいますか。文章中から漢字二字で抜き出しなさい。〔10点〕

(2) この「暦」では、月の始まりはどのように決められましたか。5点×2〔10点〕

ⓐ［　　］になる日を月の始まりと考え、この日を各月のⓑ［　　］とした。

3 ——線③「一月、二月、三月……呼び名（異名）があります。」について答えなさい。

(1) よく出る 一月と二月の月の異名をそれぞれ漢字二字で書きなさい。5点×2〔10点〕

一月［　　］　二月［　　］

漢字も読もう！　①基づく　②古典　③習慣
←答えは左ページ

月月に月見る月①は多けれど月見る月はこの月の月

月ごとに月を見て楽しむ月は多いけれど、名月として見る月といえば今月の月だね。

現在と違って、②昔は、月の満ち欠けに合わせた暦（こよみ）を使っていました。新月になる日を月の始まりと考え、各月の一日としました。③一月、二月、三月という名前以外にも、各月には呼び名（異名（いみょう））があります。例えば、一月は「睦月（むつき）」。親類一同集まって睦（むつ）み合う月ということが由来とされます。二月は「如月（きさらぎ）」。まだ寒さが残り、衣（ころも）を更（さら）に着る月という意味の「衣更着（きさらぎ）」からそう呼ばれるようになりました。いずれも、昔の人々の季節感や生活習慣などをもとに名づけられたものです。

昔の人が使っていた暦（旧暦（きゅうれき））は、現在の暦とは、一か月ほど後ろにずれています。季節は、春を一月から三月、夏を四月から六月、秋を七月から九月、冬を十月から十二月と分けていました。古典の文章は、④そのような季節分けに基づいて書かれています。⑤旧暦の秋のちょうどまん中である八月十五日の夜の月は「中秋（ちゅうしゅう）の名月」といい、とりわけ美しいものとされてきました。

〔「月を思う心」による〕

(2) 一月と二月の月の異名の由来をそれぞれ文章中から抜き出しなさい。 10点×2〔20点〕

一月 [ ]

二月 [ ]

(3) 「月」の「異名」は何をもとに名づけられましたか。文章中から抜き出しなさい。 〔10点〕

[ ]

4 よく出る ――線④「そのような季節分け」とありますが、旧暦の季節分けについて、次の□にあてはまる漢数字を書きなさい。 完答5点×4〔20点〕

春… [ ] 月～ [ ] 月

夏… [ ] 月～ [ ] 月

秋… [ ] 月～ [ ] 月

冬… [ ] 月～ [ ] 月

5 ――線⑤「旧暦の秋のちょうどまん中である八月十五日の夜」は、現在のいつ頃ですか。次から一つ選び、記号で答えなさい。 〔10点〕

ア 八月の初め頃　**イ** 八月の終わり頃

ウ 九月の初め頃　**エ** 九月の中頃

[ ]

漢字で書こう！ ①もと(づく)　②こてん　③しゅうかん

答えは右ページ➡

竹取物語
古文の読み方　古典の仮名遣い

主題

◇竹から生まれたかぐや姫が五人の貴公子たちの求婚や帝からのお召しを断り、月へ帰る物語。幻想的な物語の中に、人間の欲望やずるさ、喜びや悲しみを描いている。

5分間攻略ブック p.9／p.16

テストに出る！ ココが要点

歴史的仮名遣い（古典仮名遣い）

- ゐ・ゑ・を→い・え・お　例まゐる→まいる（参る）
- ぢ・づ→じ・ず　例よろづ→よろず
- 語頭以外の、は・ひ・ふ・へ・ほ→わ・い・う・え・お　例いふ→いう（言う）
- ア段＋う・ふ→オ段＋う　例あふぎ→おうぎ（扇）
- イ段＋う・ふ→イ段＋ゅう　例うつくしう→うつくしゅう
- エ段＋う・ふ→イ段＋ょう　例けふ→きょう（今日）

竹取物語

- 特徴…現在に伝わる**日本最古の物語**。
- 作者…不明。民間に語り伝えられていた伝承をもとに作られたと考えられている。
- 成立…**平安時代前期**。

古語の意味

- 現代語とは違う意味で使われているものがあるので注意。
  例「あやしがる」の意味…①不思議に思う。②怪しいと思う。

例題　竹取物語

◇翁、かぐや姫を発見◇

今は昔、①**竹取の翁といふ者ありけり**。

野山にまじりて竹を取りつつ、ⓐ**よろづ**のことに②**使ひけり**。

名をば、さぬきの造となむⓑ**いひける**。

その竹の中に、もと光る竹ⓒ**なむ**一筋ありける。

あやしがりて、③**寄りて見る**に、筒の中光りたり。

それを見れば、④**三寸ばかりなる人**、いとうつくしうてⓓ**ゐたり**。

1 よく出る　〰〰線ⓐ〜ⓓを現代仮名遣いに直して全て平仮名で答えなさい。

ⓐ（　　）　ⓑ（　　）

ⓒ（　　）　ⓓ（　　）

2 ——線①の文の意味がはっきりするように、平仮名一字の言葉を補いなさい。

答えと解説

1 ⓐよろず　ⓑいいける　ⓒなん　ⓓいたり

ⓐよろ**づ**→よろ**ず**　ⓑい**ひ**ける→い**い**ける　ⓒ「む」を「ん」と読む場合があるので、覚えておく。な**む**→な**ん**　ⓓ**ゐ**たり→**い**たり

2 が

古文では、主語を表す**「が・は」などが省略される**ことが多い。語と

［現代語訳］
今となっては昔のことだが、竹取の翁という者がいた。
野山に分け入って竹を取っては、いろいろなことに使っていた。
名は、さぬきの造といった。
その竹の中に、根もとの光る竹が一本あった。
不思議に思って、近寄って見ると、筒の中が光っている。
それを見ると、三寸ほどの大きさの人が、たいそうかわいらしい様子で座っている。

◈かぐや姫が書き置いた手紙◈

過ぎ別れぬること、返す返す⑤**本意なく**こそおぼえはべれ。脱ぎ置く衣を形見と見たまへ。月のいでたらむ夜は、見おこせたまへ。見捨てたてまつりてまかる、空よりも落ちぬべき心地する。

［現代語訳］
時が過ぎ別れてしまうことは、返す返す残念に存じます。脱ぎ置く着物を私の形見と思ってご覧ください。月が出た夜は見てください。お見捨て申しあげていく私も、空から落ちてしまいそうな気がするのです。

［「竹取物語」による］

竹取の翁といふ者［　］ありけり。

3 ――線②・④の現代語訳にあたる部分を抜き出しなさい。

②（　　　　）

④（　　　　）

4 よく出る ――線③は、誰の動作ですか。選びなさい。

ア 竹取の翁
イ 三寸ばかりなる人
ウ 作者

（　）

5 ――線⑤の現代語訳にあたる部分を抜き出しなさい。

（　　　　）

6 かぐや姫が書き置いた手紙で、姫は自分が去ったあと、月が出た夜には何を見てほしいといっていますか。

ア 竹
イ 月
ウ 着物

（　）

語の関係から適切な言葉を考える。

3 ②使っていた
④三寸ほどの大きさの人が

古文では、「けり」「たり」など、**文末の表現も現代語と異なる。**

4 ア

古文では**主語が省略される**ことが多い。ここでは、竹取の翁が根もとの光る竹を見つけ、不思議に思って、近寄って見たのである。

5 残念に

古文では**現代語とは違う意味で使われている言葉**には特に注意する。

6 イ

現代語訳の対応する部分から抜き出す。「見て」という言葉を手がかりにしよう。ここからかぐや姫が「月の世界」の人であることがわかる。

漢字で書こう！ ①たず（ねる）　②かみ　③けんじょう
答えは右ページ➡

テストに出る！

予想問題

解答 p.7

30分

100点

1 次の文章を読んで、問題に答えなさい。

今は昔、①竹取の翁（おきな）といふ者ありけり。野山にまじりて竹を取りつつ、②よろづのことに使ひけり。名をば、さぬきの造（みやつこ）となむいひける。その竹の中に、もと光る竹なむ一筋ありける。③あやしがりて、寄りて見るに、筒の中光りたり。④それを見れば、三寸ばかりなる人、いと⑤うつくしうてゐたり。

［現代語訳］

今となっては昔のことだが、竹取の翁という者がいた。野山に分け入って竹を取っては、いろいろなことに使っていた。名は、さぬきの造といった。その竹の中に、根もとの光る竹が一本あった。□、近寄って見ると、筒の中が光っている。それを見ると、三寸ほどの大きさの人が、たいそう□。

〔「竹取物語」による〕

1 ――線①「竹取の翁」の名前を古文中から抜き出しなさい。〔10点〕

□

2 次の文章を読んで、問題に答えなさい。

大空より、人、雲に乗りて下りきて、土より五尺ばかり上がりたるほどに立ち連ねたり。内外（うちと）なる人の心ども、物におそ（お）はれたるやうにて、ⓐあひ戦はむ心もなかりけり。ⓑ

［現代語訳］

大空から、人が雲に乗って下りてきて、地面から五尺ほどの宙に立ち並んでいる。家の内と外にいた人々は、物の怪（もののけ）に取りつかれたようで、戦おうという気持ちは失（う）せてしまった。

〔「竹取物語」による〕

1 ――線「人、雲に乗りて下りきて」について答えなさい。

(1) よく出る 文の意味がはっきりするように、平仮名一字の言葉を補いなさい。〔5点〕

人□、雲に乗りて下りてきて

(2) やや難 「人」とは具体的には誰のことですか。次から一つ選び、記号で答えなさい。〔5点〕

ア 翁　イ 帝　ウ かぐや姫　エ 天人

□

2 〰線ⓐ・ⓑを現代仮名遣いに直して全て平仮名で答えなさい。5点×2〔10点〕

ⓐ□
ⓑ□

漢字を読もう！ ①伴う　②託す　③嘆く

←答えは左ページ

2 ――線②「よろづのこと」の現代語訳にあたる部分を抜き出しなさい。〔5点〕

3 ――線③「あやしがりて」について答えなさい。

(1) よく出る 意味を、次から一つ選び、記号で答えなさい。〔10点〕

ア 疑わしく思って　**イ** 不思議に思って

ウ おもしろいと思って　**エ** 恐ろしいと思って

(2) そのように思ったのはなぜですか。□にあてはまる言葉を、現代語訳から抜き出しなさい。〔10点〕

□が一本あったから。

4 ――線④「それ」が指すものを、古文中から三字で抜き出しなさい。〔5点〕

5 ――線⑤「うつくしうてゐたり」について答えなさい。

(1) 現代仮名遣い（かなづかい）に直して全て平仮名で答えなさい。〔5点〕

(2) よく出る 「うつくしうてゐたり」の意味を書きなさい。〔5点〕

---

3 次の文章を読んで、問題に答えなさい。

中将（ちゅうじょう）取りつれば、ふと天（あま）の羽衣（はごろも）うち着せたてまつれば、翁を、①「いとほし、かなし。」とおぼしつることも失（う）せぬ。②この衣着つる人は物思ひなくなりにければ、車に乗りて、百人ばかり天人③具して、登りぬ。

そののち、翁・媼（おうな）、血の涙（なみだ）を流して惑（まど）へど、かひなし。

〔現代語訳〕

中将が（手紙と壺（つぼ）を）受け取ると、（天人が）さっと天の羽衣を（かぐや姫に）着せて差し上げたので、翁のことを「気の毒だ、かわいそうだ。」とお思いになっていたことも消え失せてしまった。この羽衣を着た人は、地上の人間としての感情がなくなってしまったので、天を飛ぶ車に乗って、百人ほどの天人を引き連れて、（月の世界に）昇ってしまった。

そののち、翁と媼は、血の涙を流して悲しむけれど、どうにもしかたがない。

〔「竹取物語」による〕

1 ――線①「いとほし」、③「具して」の現代語訳にあたる部分を抜き出しなさい。10点×2〔20点〕

①

③

2 よく出る ――線②「この衣着つる人」とありますが、衣を着ると誰が、どうなるのですか。書きなさい。〔10点〕

漢字で書こう！ ①ともな(う)　②たく(す)　③なげ(く)
答えは右ページ➡

教科書 p.132～p.135／p.136～p.137／p.138～p.139

故事成語──矛盾
漢文の読み方 訓読の仕方／漢字のしくみ3 漢字の音と訓

主題

◇商人が「私の盾は突き通せるものがないほど堅く、矛は突き通せないものがないほど鋭い。」とつじつまの合わない話をした。この故事から「矛盾」という言葉ができた。

⇩5分間攻略ブック p.9／p.17

故事成語──矛盾／漢文の読み方 訓読の仕方

テストに出る！ **ココが要点**

故事成語

● 中国に昔から伝えられている話（＝故事）から生まれた短い言葉。

漢文の読み方

● 書き下し文…漢字仮名交じりの日本語の文章として書き改めたもの。

送り仮名…漢字の右下に片仮名で小さく表記し、歴史的仮名遣いを用いる。

返り点…漢字の左下につける記号で、読む順序を示す。

訓点

● レ点……一字だけ上の字に返る。

例 誉メテレ之ヲ曰ハク、 順序 2 1 3

（之を誉めて曰はく、）

● 一・二点…二字以上離れた上の字に返る。

例 以テ二子之矛ヲ一、 順序 4 1 2 3

（子の矛をもつて、）

例題 矛盾

楚人に盾と矛とをひさぐ者あり。
①**これ**を誉めていはく、
「わが盾の堅きこと、
②**よくとほすなきなり。**」と。

予想問題

テストに出る！ 解答 p.7 20分 100点

故事成語──矛盾／漢文の読み方 訓読の仕方

1 次の文章を読んで、問題に答えなさい。

楚人に盾と矛とをひさぐ者あり。
これを誉めていはく、
「わが盾の堅きこと、
よくとほすなきなり。」と。
また、①その矛を誉めていはく、
「わが矛の②利なること、
③物においてとほさざるなきなり。」と。
ある人いはく、
「子の矛をもつて、
子の盾をとほさば、④いかん。」と。
⑤その人こたふることあたはざるなり。

〔「故事成語──矛盾」による〕

1 ──線①「その矛を誉めていはく」という書き下し文になるように、正しく訓点をつけたものを次から一つ選び、記号で答えなさい。〔10点〕

ア 誉メテレ其ノ矛ヲ曰ハク　**イ** 誉メテレ其ノ矛ヲレ曰ハク

ウ 誉メテ二其ノ矛ヲ一曰ハク　**エ** 誉メテ二其ノ一矛ヲ曰ハク

2 ──線②「利なること」の意味を次から一つ選び、記号で答えなさい。

漢字を読もう！ ①自慢 ②鋭い ③擬音

←答えは左ページ

また、その矛を誉めていはく、
「わが矛の利（り）なること、物においてとほさざるなきなり。」と。
ある人いはく、
「③子（し）の矛をもつて、子の盾をとほさば、いかん。」と。
その人こたふることあたはざるなり。

〔「故事成語――矛盾」による〕

1 ――線①「これ」とは、何のことですか。文章中から一字で抜き出しなさい。

2 ――線②の意味を選びなさい。
ア　いつでも突き通せる。
イ　突き通せるものはない。
ウ　突き通せるかもしれない。（　　）

3 ――線③は「あなた」という意味ですが、この語が指すものを選びなさい。
ア　盾と矛とをひさぐ者
イ　ある人　ウ　作者（　　）

4 よく出る　故事成語「矛盾」の意味を書きなさい。
（　　　　）

答えと解説

1 盾
直後の言葉「わが盾の堅きこと……」からわかる。

2 イ
「よく」は**可能**、「なき」は**打ち消し**の意味。

3 ア
「盾と矛とをひさぐ者」の話を聞いた「ある人」が尋ねたのである。

4 例　つじつまが合わないこと。
何でも突き通す**矛**と、突き通せるものがない**盾**。

ア　軽いことといったら　イ　丈夫（じょうぶ）なことといったら〔15点〕
ウ　鋭いことといったら　エ　便利なことといったら

3 やや難　――線③「物においてとほさざるなきなり」の意味をわかりやすく書きなさい。〔15点〕

4 ――線④「とほさば、いかん」の意味を次から一つ選び、記号で答えなさい。〔10点〕
ア　突き通してくれ。　イ　突き通してはいけない。
ウ　突き通せばいい。　エ　突いたら、どうなるか。

5 よく出る　――線⑤「その人こたふることあたはざるなり。」とありますが、なぜですか。次から一つ選び、記号で答えなさい。〔15点〕
ア　自分の言うことを信じてくれない人に腹が立ったから。
イ　自分の言葉のつじつまが合わない点を指摘（してき）されたから。
ウ　「ある人」の質問の意味が全くわからなかったから。
エ　大事な商品なので、傷などつけたくなかったから。

2 **次の故事成語の意味をあとから一つずつ選び、記号で答えなさい。** 5点×3〔15点〕
①　推敲（すいこう）　②　蛇足（だそく）　③　四面楚歌（しめんそか）
ア　加える必要のない余計なもの。
イ　詩や文章の表現を練り上げること。
ウ　周囲が敵ばかりで、味方のいない状態。

①　②　③

漢字のしくみ３　漢字の音と訓

3 **――線を漢字に直して書きなさい。** 5点×4〔20点〕
①　血液ケンサ。　②　生命ホケン。
③　経験をツむ。　④　野花をツむ。

①　②　③　④

漢字で書こう！　①じまん　②するど（い）　③ぎおん
答えは右ページ→

「みんなでいるから大丈夫」の怖さ

5分間攻略ブック p.10

要旨

◆集団でいると自分よりも他者の判断に重きを置く心理がはたらく。災害が発生したときは、みんながいるから大丈夫と根拠のない安心感をもってはいけない。

テストに出る！ ココが要点

●「みんなでいるから大丈夫」の心理（教 p.147〜p.149）▶予想問題

「みんなでいるから大丈夫」という心理はなぜ生まれるのか。

集団でいると、自分だけが他の人と違う行動をとりにくくなり、自分個人より集団に過大評価を加える傾向が強くなる

→安心感で緊急行動が遅れる（「集団同調性バイアス」と呼ぶ）。

テストに出る！ 予想問題

解答 p.8　30分　100点

次の文章を読んで、問題に答えなさい。

①実験を集計すると、以下のとおりだった。

火災報知器が鳴った時点で行動を起こしたのは、部屋に一人でいた五人全員と、部屋に二人でいた一組の計七人。煙を見てから避難した人は、部屋に二人でいた学生の計六人だった。食堂にいた学生が避難を開始したのは、火災報知器が鳴ってから三分経過してからであった。つまり、部屋に一人でいた場合は、全員が火災報知器が鳴ってからすぐドアを開けて何か起きていないか確認行動を起こしている。しかし、部屋に二人でいた学生は、一組だけが行動を起こし、他の部屋に二人でいた計六人は、火災報知器が鳴ってもなんの行動も起こさず煙に気づいてから行動を起こしているのである。食堂にいた学生に至っては、三分の間、なんの

1 ――線①「実験」の結果を次の表にまとめました。□A〜Cに入る数字を漢数字で答えなさい。　10点×3〔30点〕

いつ避難を開始したか ＼ 学生がいた場所と人数	部屋に一人でいた	部屋に二人でいた	食堂に複数人でいた
火災報知器が鳴った時点	A 人	B 人	○人
煙を見てから	○人	C 人	○人
火災報知器が鳴ってから三分後	○人	○人	全員

A □　B □　C □

2 ――線②「食堂にいた学生たち」について答えなさい。

(1) よく出る 筆者は、食堂にいた学生たちが避難の行動を起こすまでに時間がかかったのはなぜだと考えましたか。□にあてはまる言葉を文章中から抜き出しなさい。　10点×2〔20点〕

人間は、緊急時に一人でいるときはⓐ□□□□□で行動を起こすが、複数の人間がいると、「みんなでいるから」というⓑ□□□が生じてしまうから。

漢字を読もう！　①逃げる　②見渡す　③分析　←答えは左ページ

行動も起こさなかった。

避難が遅れた、部屋に二人でいた学生に聞くと、「たぶん誤報か点検だと思っていた。まさか火災とは思わなかった。」がほとんどだった。これは②食堂にいた学生たちも同じような答えだったが、「みんないるから大丈夫だと思った。」という言葉がつけ加えられていた。

「災害時、みんなでいれば怖くない」に陥る心理

緊急時、人間は一人でいるときは「何が起きたのか」とすぐ自分の判断で行動を起こす。しかし、複数の人間がいると「みんなでいるから」という安心感で、緊急行動が遅れる傾向にある。これを「集団同調性バイアス」と呼ぶ。先の実験の食堂のように人間の数が多いと、さらにその傾向が強くなる。集団でいると、自分だけが他の人と違う行動をとりにくくなる。お互いが無意識にけん制し合い、他者の動きに左右される。③自分個人より集団に過大評価を加えていることが読み取れる。結果として逃げるタイミングを失うことにもなりかねない。まるで、「災害時、みんなでいれば怖くない。」である。

「みんなでいれば安心だ。」と思う心理には、客観的合理性や、科学的根拠はない。災害が発生したとき、または危ないなと思ったら、まず安全なところへ避難することだ。「みんないるから」の心理がはたらいて、その場にじっとしている自分に気がついたら、ぜひこの話を思い出してほしい。みんながいるから大丈夫なのではなく、みんながいるから危険に流される場合がある。

〔山村武彦「『みんなでいるから大丈夫』の怖さ」による〕

(2) (1)のような理由で避難する行動などが遅れる傾向にあることを何と呼びますか。文章中から九字で抜き出しなさい。〔15点〕

3 やや難 ——線③「自分個人より集団に過大評価を加えていることが読み取れる。」とありますが、それは集団の中にいる人のどのような様子から読み取れますか。二つまとめて書きなさい。〔20点〕

4 よく出る この文章で述べられている筆者の意見を、次から一つ選び、記号で答えなさい。〔15点〕

ア 緊急時に他者の動きに左右されずに客観的な判断を自分でするためには、自分の考えに自信をもつことが必要だ。

イ 客観的合理性や科学的根拠がなくても、「みんないるから」という心理によって人々は落ち着いた避難行動をすることができる。

ウ 危ないと感じたら「みんないるから」と安心するのではなく、すぐに行動に移して安全なところへ避難すべきだ。

エ 災害などが発生したときは、自分個人で行動するよりも、みんなの判断をふまえて一緒に行動するほうがよい。

漢字で書こう！ ①に(げる) ②みわた(す) ③ぶんせき
答えは右ページ➡

文法の窓2 単語の類別・品詞

テストに出る！ ココが要点

単語の類別

- ●**自立語**…単独で一つの文節を作ることができる単語。
- ●**付属語**…必ず自立語と一緒になって文節を作る単語。

※一つの文節には、文節の頭に必ず一つの自立語がある。自立語のあとに付属語がいくつかつく場合がある。

- ●活用のある単語
- ●活用のない単語

※単語の形が、文の中で、規則的に変わることを**活用**という。自立語にも付属語にも、活用のある単語とない単語とがある。

- ●**体言**…自立語で活用がなく、主語になれる単語。（→**名詞**）
- ●**用言**…自立語で活用があり、単独で述語になれる単語。（→**動詞・形容詞・形容動詞**）

品詞分類表

- 単語
  - 自立語
    - 活用がない
      - 主語になる……………（名詞）
      - 主に連用修飾語になる…（副詞）
      - 連体修飾語になる………（連体詞）
      - 接続語になる……………（接続詞）
      - 独立語になる……………（感動詞）
    - 活用がある
      - 言い切りの形がウ段……（動詞）
      - 言い切りの形が「い」……（形容詞）
      - 言い切りの形が「だ・です」…（形容動詞）
  - 付属語
    - 活用がない…………………（助詞）
    - 活用がある…………………（助動詞）

確認

◇あとに続く言葉によって形が変わることを活用という。
◇活用のある自立語は、動詞・形容詞・形容動詞。この三つをあわせて用言という。

5分間攻略ブック p.19／p.20

テストに出る！ 予想問題

解答 p.8

20分　100点

1 次の各文の自立語には——、付属語には══を引きなさい。 完答4点×3〔12点〕

① 断る つもり は 全く ない。
② 昼食 に おいしい うどん を 食べ た。
③ まあ、美しい 夕焼け です ね。

2 次の各文の単語の中で、活用があるものには——、活用がないものには══を引きなさい。 完答4点×3〔12点〕

① 桜 の 花 は 散りぎわ も 美しい そうだ。
② 森鷗外（もりおうがい）、わたし の 好きな 作家 の 一人 だ。
③ もしもし、山本さん の お宅 です か。

3 次の各文の単語の中で、体言には——、用言には══を引きなさい。 完答4点×4〔16点〕

① 姉 の 書い た 作文 が、優秀賞 に 選ば れ た。
② 電気 が なけれ ば 生活 でき ない。
③ あの とき は 本当 に 恥ずかしい 思い を し た。
④ 向こう の 背 の 高い 人 は 親切だ。

4 次の——線の単語について、動詞にはア、形容詞にはイ、形容動詞にはウの記号を書きなさい。用言でないものには×をつけなさい。 3点×6〔18点〕

漢字を読もう！ ①一緒 ②修飾語 ③特徴
←答えは左ページ

例題

1 次の文から付属語を順に二つ書き抜きなさい。

・赤い 風船 が ふわふわ 飛ん で いる。

（　　）（　　）

2 次の単語の品詞名をあとから選びなさい。

① 読む 笑う 食べる （　　）
② 鉛筆 喜び イギリス （　　）
③ 痛い 固い 白い （　　）
④ その この 大きな （　　）
⑤ 少し ゆっくり とても （　　）
⑥ 変だ 静かだ きれいだ （　　）

ア 名詞 **イ** 副詞
ウ 連体詞 **エ** 動詞
オ 形容詞 **カ** 形容動詞

3 ――線は接続詞と感動詞のどちらですか。

① 雨が降りそうだった。だから、傘を持ってでかけた。 （　　）
② おーい、こっちだよ。 （　　）

答えと解説

1 が・で

「風船」（自立語）＋「が」（付属語）と、「飛ん（飛ぶ）」（自立語）＋「で」（付属語）＋「いる」（自立語）。

2 ①エ ②ア ③オ ④ウ ⑤イ ⑥カ

②**「が」**をつけると**主語になる→名詞**
④「そのとき」「この本」「大きな木」のように**名詞を修飾→連体詞**
⑤「少し甘い」「ゆっくり歩く」「とても静かだ」のように**用言を修飾→副詞**

3 ①接続詞 ②感動詞

①**接続詞**は、文の中で、前とあとに述べる事柄をつないで、その**関係を示す**。
②**感動詞**は、自立語で活用がない**独立語**になる。

4

① 急に犬が出てきたので、思わず息をのんだ。（ⓐ出て ⓑ思わず）
② 森の方から美しい声が聞こえてくる。
③ では、みなさん、さようなら。（ⓐみなさん ⓑさようなら）
④ あなたの一番好きな歌手は誰ですか。（ⓐ ⓑ）

①	
ⓐ	
ⓑ	
②	
③	
④	
ⓐ	
ⓑ	

5 よく出る 次の文の名詞に――を引きなさい。また、その名詞の種類をあとから一つずつ選び、記号で答えなさい。 完答6点×5〔30点〕

① 桜が咲く。
② エベレストに登る。
③ 六時に帰る。
④ 彼はうなずいた。
⑤ 覚えることが多い。

ア 普通名詞 **イ** 固有名詞 **ウ** 数詞
エ 形式名詞 **オ** 代名詞

①	②	③	④	⑤

6 次の文の副詞に――を引きなさい。また、その種類をあとから一つずつ選び、記号で答えなさい。 完答4点×3〔12点〕

① たぶん成功するだろう。
② 雨がザーザー降っている。
③ もっと練習が必要だ。

ア 状態の副詞 **イ** 程度の副詞 **ウ** 陳述（叙述）の副詞

①	②	③

漢字で書こう！ ①いっしょ ②しゅうしょくご ③とくちょう
答えは右ページ➡

それだけでいい
言葉発見④　比喩・倒置・反復・対句・体言止め

テストに出る！ ココが要点

詩の形式と構成

- 現代の言葉で、音数やリズムにきまりのない詩→口語自由詩
- 一行あけて書かれたひとまとまりを連といい、五連で構成されている。
  - 第一連～第三連　山、海、星について
  - 第四連～第五連　希望について

詩の表現技法

- 比喩…何かを別のものでたとえる。
  - 直喩（明喩）…「（まるで／あたかも）～ようだ／～みたいだ」などの形を使ってたとえる。
  - 隠喩（暗喩）…「～ようだ」などの形を使わずにたとえる。
  - 擬人法…人間でないものの様子を人間に見立てて表す。
- 倒置…普通の語順を逆にして表す。
- 反復…同じ言葉や似た語句を繰り返す。
- 対句…語形や意味が対応する表現を並べる。
- 体言止め…行を体言（名詞）で結んで余韻を与える。

テストに出る！ 予想問題

解答 p.9　30分　100点

希望は
心にあるだけでいい
目には見えなくても
手にはとどかなくても
希望というものが
この世にあることを信ずる
信じつづける

それだけでいい

主題
希望は、目に見えず、手のとどかない、不確かなものだが、人が心の奥に抱きつづけて、「ある」と信じることができれば、それで十分だ。

1 よく出る　2行めと6行め、8行めと12行め、14行めと18行めで用いられている表現技法を次から一つ選び、記号で答えなさい。〔10点〕

ア　直喩　イ　隠喩
ウ　反復　エ　擬人法

2 「山」「海」「星」は、どのようなものとして描かれていますか。適切でないものを次から一つ選び、記号で答えなさい。〔15点〕

ア　人が実際に目で見ることができるもの。
イ　天候や条件が変わってもそこにあるもの。
ウ　直接見えなくても、その場所にあるもの。
エ　人の暮らしと密接なかかわりをもち役立つもの。

3 やや難　――線「それだけでいい」とはどういうことですか。にあてはまる言葉を、詩の中から抜き出しなさい。15点×2〔30点〕

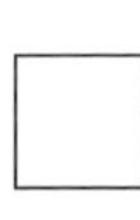

漢字を読もう！　①驚き　②覆う　③駆ける
←答えは左ページ

1 次の詩を読んで、問題に答えなさい。（1～26は行番号を表します。）

それだけでいい　　杉みき子

山は
そこに見えているだけでいい
冬は純白の
夏はみどりの頂が
遠い遠い空のはてに
いつも見えているだけでいい

海は
そこに輝いているだけでいい
白い船を泳がせ
かもめの群を遊ばせ
長い長い道のはてに
いつも輝いているだけでいい

星は
そこにあるだけでいい
雲に覆われるときも
雨に隠されるときも
いつも確かにそこにあると
わかっているだけでいい

ⓐ［　　］がⓑ［　　　　］だけでいいということ。

4 よく出る　この詩の鑑賞文として適切なものを次から一つ選び、記号で答えなさい。〔15点〕

ア　「……だけでいい」というひかえめな言葉を用いることで、つつましく生きていくことの大切さを伝えている。

イ　「それだけでいい」と短い言葉を最後の連に置くことで、壮大な疑問を読者に投げかけている。

ウ　「信ずる」を「信じつづける」と言い直すことで、作者の「希望」に対する強い思いを表現している。

エ　「山」「海」「星」と「希望」を対比させることで、自然よりも人間のもつ希望のほうが価値があると主張している。

［　　］

2 次の各文で使われている表現技法をあとから一つずつ選び、記号で答えなさい。　5点×6〔30点〕

① バラは赤く　ユリは白く
② 彼が私の心の扉を開けた
③ かぶとむしが　すもうをとる
④ さくら　さくら　さくら
⑤ パンダみたいな座り方だね
⑥ 見てごらん　あの雲を

ア　直喩（明喩）　**イ**　隠喩（暗喩）　**ウ**　対句
エ　反復　**オ**　倒置　**カ**　擬人法

①［　］②［　］③［　］④［　］⑤［　］⑥［　］

漢字で書こう！　①おどろ（き）　②おお（う）　③か（ける）
答えは右ページ➡

トロッコ

教科書 p.168～p.179

主題

◇主人公は、子供の頃トロッコを押して遠くまで来てしまい、無我夢中で家までの道のりを駆け帰った。その心細い気持ちを、今の自分の気持ちと重ね合わせる。

5分間攻略ブック p.11

テストに出る！

ココが要点

トロッコに乗って遠くへ（教 p.172～p.174）▶例題

良平の心情は景色とともに変化する。

- 広々と薄ら寒い海が開けた→余り遠く来すぎた。【不安】
- 雑木の枝の下を走る→おもしろい気持ちにはなれなかった。【不安】
- わら屋根の茶店の前→いらいらしながら……。【不安といらだち】
- 緩い傾斜を登っていった→心は他のことを考えていた。【あせり】

無我夢中で走り続けた家までの道（教 p.174～p.176）▶予想問題

- もうすぐ暗くなるとても遠い道を一人、歩いて帰らなければならないことに気づく。→不安に押しつぶされそうになりながら、家まで泣かずに駆け続けた。
- 家の門口へ駆け込んだとき、張りつめた緊張と心細さから解放された安心感から、とうとう大声に、わっと泣きだす。

例題　トロッコに乗って遠くへ

竹やぶのある所へ来ると、トロッコは静かに走るのをやめた。三人はまた前のように、重いトロッコを押し始めた。竹やぶはいつか雑木林になった。つま先上がりのところどころには、赤さびの線路も見えないほど、落ち葉のたまっている場所もあった。その道をやっと登りきったら、今度は高い崖の向こうに、①**広々と薄ら寒い海が開けた**。と同時に良平の頭には、余り遠く来すぎたことが、急にはっきりと感じられた。

三人はまたトロッコへ乗った。車は海を右にしながら、雑木の枝の下を走っていった。しかし良平は②**さっきのように、おもしろい気持ちにはなれなかった**。「もう帰ってくれればいい。」——彼はそうも念じてみた。

1 よく出る ——線①は「良平」のどのような気持ちを表していますか。選びなさい。

ア　解放感にあふれ、すがすがしい気持ち。
イ　何となく不安で落ち着かない気持ち。
ウ　二人の土工にいら立って恨む気持ち。

（　　）

2 よく出る ——線②の理由を説明しなさい。

［　　　　　　］こと

が急にはっきりわかったから。

答えと解説

1 イ

「薄ら寒い」とは「なんとなく寒い」の意味。見慣れない海が広がる風景からは、**良平の中で不安が広がっていく様子**が伝わってくる。

2 遠く来すぎた

直後の「もう帰ってくれればいい。」に着目すると、良平が**帰り道に不安を抱いている**ことがわかる。

漢字を読もう！　①触る　②初旬　③有頂天
←答えは左ページ

が、行く所まで行き着かなければ、トロッコも彼らも帰れないことは、もちろん彼にもわかりきっていた。
　その次に車の止まったのは、切り崩した山を背負っている、わら屋根の茶店の前だった。二人の土工はその店へ入ると、乳飲み子をおぶったかみさんを相手に、③**悠々と**茶などを飲み始めた。良平は一人いらいらしながら、トロッコの周りを回ってみた。トロッコには頑丈な車台の板に、跳ね返った泥が乾いていた。
　しばらくのち茶店を出てきしなに、巻きたばこを耳に挟んだ男は、（そのときはもう挟んでいなかったが）トロッコのそばにいる良平に新聞紙に包んだ駄菓子をくれた。④**良平は冷淡に「ありがとう。」と言った**。が、すぐに冷淡にしては、相手にすまないと思い直した。彼はその冷淡さを取り繕うように、⑤**包み菓子の一つを口へ入れた**。菓子には新聞紙にあったらしい、石油の匂いがしみついていた。
　三人はトロッコを押しながら緩い傾斜を登っていった。良平は車に手を掛けていても、心は⑥**他のこと**を考えていた。

〔芥川龍之介「トロッコ」による〕

---

3 ――線③の土工たちの様子と対照的な良平の様子を四字で抜き出しなさい。

□□□□

4 良平が――線④のような態度をとったのはなぜですか。

二人の土工たちが、良平の（　　　　）という気持ちに気づかずに、のんびりと（　　　　）いたから。

5 ――線⑤はどういうことか選びなさい。

ア　土工の好意を受け入れたことを表現している。
イ　駄菓子のおいしさにつられて行動している。
ウ　自分の思いを冷たい態度で示している。

（　　）

6 ――線⑥の具体的な内容を選びなさい。

ア　さっきの態度はよくなかったなあ。
イ　坂を登るのが苦しいなあ。
ウ　どこまで行ったら帰れるのだろう。

（　　）

---

3 いらいら

良平は、さっきまではトロッコをおもしろいと思っていたが、今は**遠くに来すぎた不安からいらいらしているの**である。

4 例 早く帰りたい・茶などを飲んで

目の前に薄ら寒い海が開けたときから良平の心情は一変し、早く帰りたいとあせっている。**その心情とは対照的な土工たちの様子**に対するいら立ちが態度に表れたのである。

5 ア

「冷淡にしては、**相手にすまないと思い直した**」「冷淡さを**取り繕うように**」から考える。「取り繕う」はここでは「体裁よくごまかす」の意味である。

6 ウ

早く帰りたいのに、行き先まであとどれほどなのかわからず、**不安が大きくなっている**。

漢字で書こう！　①さわ(る)　②しょじゅん　③うちょうてん
答えは右ページ➡

テストに出る！

予想問題

次の文章を読んで、問題に答えなさい。

解答 p.9

30分

100点

「われはもう帰んな。俺たちは今日は向こう泊まりだから。」

「あんまり帰りが遅くなると、われのうちでも心配するずら。」

良平は一瞬間①あっけにとられた。もうかれこれ暗くなること、去年の暮れ母と岩村まで来たが、今日の道はその三、四倍あること、それを今からたった一人、歩いて帰らなければならないこと、——そういうことが一時にわかったのである。良平はほとんど②泣きそうになった。が、泣いてもしかたがないと思った。泣いている場合ではないとも思った。彼は若い二人の土工に、取ってつけたようなおじぎをすると、どんどん線路づたいに走りだした。

良平はしばらく無我夢中に線路のそばを走り続けた。そのうちに懐の菓子包みが、じゃまになることに気がついたから、それを道端へ放り出すついでに、板草履もそこへ脱ぎ捨ててしまった。すると薄い足袋の裏へじかに小石が食い込んだが、足だけははるかに軽くなった。彼は③左に海を感じながら、急な坂道を駆け登った。ときどき涙がこみあげてくると、自然に顔がゆがんでくる。——それは無理に我慢しても、鼻だけは絶えずくうくう鳴った。

竹やぶのそばを駆け抜けると、④夕焼けのした日金山の空も、もうほてりが消えかかっていた。良平はいよいよ気が気でなかった。行きと帰りと変わるせいか、景色の違うのも不安だった。すると今度は着物までも、汗のぬれ通ったのが気になったから、やはり必死に駆け続けたなり、羽織を道端へ脱いで捨てた。

1 ——線①「あっけにとられた」とありますが、それはなぜですか。次から一つ選び、記号で答えなさい。〔15点〕

ア　土工たちが良平を一緒に向こうに連れていってくれないから。

イ　土工の言葉から初めて長い時間がたっていることを知ったから。

ウ　土工が良平の家族のことまで心配してくれるのが意外だったから。

エ　土工たちが良平とは一緒には帰らないことを知ったから。

2 よく出る ——線②「泣きそうになった」とありますが、それはなぜですか。簡潔に書きなさい。〔15点〕

3 ——線③「左に海を感じながら」から、良平のどのような様子がわかりますか。□にあてはまる言葉を書きなさい。〔10点〕

海を見る余裕もないほど□様子。

4 ——線④「夕焼けのした……消えかかっていた」とありますが、ここからどのようなことがわかりますか。〔15点〕

漢字を読もう！ ←答えは左ページ　①冷淡　②咲く　③疲れる

みかん畑へ来る頃には、辺りは暗くなる一方だった。「命さえ助かれば。」──良平はそう思いながら、滑ってもつまずいても走っていった。

やっと遠い夕闇(ゆうやみ)の中に、村外れの工事場が見えたとき、⑤良平はひと思いに泣きたくなった。しかしそのときもべそはかいたが、とうとう泣かずに駆け続けた。

彼の村へ入ってみると、もう両側の家々には、⑥電灯の光がさし合っていた。良平はその電灯の光に、頭から汗の湯気の立つのが、彼自身にもはっきりわかった。井戸端に水をくんでいる女衆や、畑から帰ってくる男衆は、良平があえぎあえぎ走るのを見ては、「おい、どうしたね？」などと声をかけた。が、彼は無言のまま、雑貨屋だの床屋だの、明るい家の前を走り過ぎた。

彼のうちの門口へ駆け込んだとき、良平はとうとう大声に、わっと泣きださずにはいられなかった。その泣き声は彼の周りへ、一時(いちじ)に父や母を集まらせた。殊に母はなんとか言いながら、良平の体を抱えるようにした。が、良平は手足をもがきながら、すすりあげすすりあげ泣き続けた。その声が余り激しかったせいか、近所の女衆も三、四人、薄暗い門口へ集まってきた。父母はもちろん、その人たちは、口々に彼の泣くわけを尋ねた。⑦しかし彼はなんと言われても泣き立てるよりほかにしかたがなかった。あの遠い道を駆け通してきた、今までの心細さを振り返ると、いくら大声に泣き続けても、足りない気持ちに迫られながら、……………

〔芥川(あくたがわ)龍之介(りゅうのすけ)「トロッコ」による〕

5 やや難 ──線⑤「良平はひと思いに泣きたくなった」とありますが、それはなぜですか。〔15点〕

6 ──線⑥「電灯の光」は、良平の目にはどのようなものとして映りましたか。次から一つ選び、記号で答えなさい。〔15点〕

ア もうすぐ家に帰りつけるという安心感を与(あた)えてくれるような光。
イ 恐ろしい土工たちから良平を救ってくれるような光。
ウ 勝手に一人で出かけたことを責めるような光。
エ 良平がどこへ行っていたのかを探(さぐ)ろうとするような光。

7 よく出る ──線⑦「しかし彼は……しかたがなかった。」とありますが、良平が泣くわけを言えなかったのはなぜですか。次から一つ選び、記号で答えなさい。〔15点〕

ア 長い距離(きょり)を走ってきたため、息が切れて言葉にならなかったから。
イ 恐ろしい目にあった分だけ、わがままに振るまってみたかったから。
ウ どんなに大変だったか、何も言わなくてもわかって欲しかったから。
エ あまりにも強い緊張の糸が切れて、言葉が出てこなかったから。

漢字で書こう！ ①れいたん ②さ(く) ③つか(れる)
答えは右ページ➡

意味と意図――コミュニケーションを考える
言葉発見⑤ 方言と共通語

5分間攻略ブック p.13

要旨

◇言葉によるコミュニケーションを成立させるには、言葉の辞書的な意味を知っているだけでは不十分で、その他の多くの知識を共有していることが必要である。

ココが要点

「意味」と「意図」はどう違うか（教 p.184～p.186）▼例題

● 「意味」…単語や文そのものが表す内容＝言葉の辞書的な内容。
「意図」…言葉を発する人が、その言葉によって表している内容
＝話す人がこういうつもりで言った内容。

●話し手の意図は、言葉の辞書的な意味だけからはわからない。

文字によるコミュニケーション（教 p.187～p.189）▼予想問題

●個人的に知らない相手の、文脈のわからない発言→意図がうまく伝わらず、誤解が生じる危険性がある。

●言葉によるコミュニケーションは、多くの知識を共有しているという土台が必要→土台不足では成立しない、危(あや)ういもの。

例題 「意味」と「意図」はどう違うか

①「意味」と「意図」をどう厳密に区別すべきかについては諸説ありますが、ここではおおまかに「意味」を「単語や文そのものが表す内容」とし、「意図」を「言葉を発する人が、その言葉によって表している（あるいは、表したいと考えている）内容」とします。つまり「意味」は「言葉の辞書的な内容」を指し、「意図」は「話す人がこういうつもりで言った内容」と言うことができます。②言葉によるコミュニケーションにおいて重要なのは、実は「意味の理解」ではなく、「意図の理解」のほうです。私たちは言葉を発することで、「言いたいこと」、つまり「意図」を相手に伝えたつもりになります。しかし、③私たちの意図が全て、言葉の意味によって運ばれているわけではありません。むしろ、

1 よく出る ――線①について、筆者は何と説明していますか。

・「意味」…言葉の［　　　］な内容。

・「意図」…話す人が［　　　　］で言った内容。

2 ――線②で重要なのは何ですか。

［　　　　］

3 ――線③の大部分を担うものは何ですか。

［　　　　　］

答えと解説

1 辞書的・こういうつもり

「つまり」という説明・補足の接続詞に着目する。「つまり」のあとに、「『意味』は…」「『意図』は…」という形で説明している。

2 意図の理解

「重要なのは、……『**意図の理解**』のほうです」と述べられている。

3 言葉の意味以外のさまざまな要素。

漢字を読もう！ ①頻繁 ②離れる ③依頼
←答えは左ページ

「意味」によって担(にな)われるのは私たちの「意図」のほんの一部でしかなく、残りの部分は言葉の意味以外のさまざまな要素によって担われています。

具体例を見てみましょう。ジャガイモが数十個入った段ボールが少し離れたところにある状況(じょうきょう)で、あなたが人に「④**ジャガイモを持ってきて。**」と言う場面を考えてみます。もしその場所が「野菜の出荷場」であり、あなたが「野菜を出荷しようとしている人」であれば、おそらく「ジャガイモを段ボールごと持ってきてほしい」という「意図」でそのように言っているでしょう。他方、その場所が「家の台所」であり、あなたが「料理をしようとしている人」であれば、ジャガイモを段ボールごとではなく、料理に必要な分だけ持ってきてほしいということを意図しているかもしれません。その場合は更に、どんな料理をどれほどの量作ろうとしているかによって、持ってきてほしい量が変わるでしょう。

このように、「ジャガイモを持ってきて。」という単純な文にもさまざまな意図をこめることができます。そして、これらのうちのどれが話し手の意図なのかということは、「ジャガイモ」と「持ってくる」という言葉の辞書的な意味だけからはわかりません。

〔川添(かわぞえ) 愛(あい)「意味と意図――コミュニケーションを考える」による〕

（　　　　）

4 ――線④を「家の台所」で「料理をしようとしている人」が言った場合、どのような意図だと考えられますか。選びなさい。

ア ジャガイモを段ボールごと持ってきてほしい。

イ ジャガイモを料理に必要な分だけ持ってきてほしい。

ウ ジャガイモをできるだけたくさん持ってきてほしい。

［　　］

5 よく出る ジャガイモの例で筆者が言いたいことはどういうことですか。

話し手が文にこめることができる［　　　　　　］を読み取るためには、言葉の［　　］だけではわからず、それ以外のさまざまな［　　］を考える必要があること。

---

4 『意味』によって担われるのは私たちの『**意図**』の**ほんの一部**」で、大部分は「**言葉の意味以外のさまざまな要素**によって担われて」いる。

4 イ

人が「ジャガイモを持ってきて。」と言ったとき、**その場所やそのときの状況(じょうきょう)によって、意図は変わってくる。**「家の台所」で、「料理をしようとしている人」が言ったのであれば、ジャガイモを「**料理に必要な分だけ持ってきてほしい**」という意図だと考えられる。

5 さまざまな意図・意味・要素

話し手は、一つの文に「**さまざまな意図をこめること**」ができる。その意図は発言の場所や文脈などのさまざまな**要素**によって決まるので、単純に「言葉の辞書的な**意味**だけから」はわからない。

漢字で書こう！ ①ひんぱん ②はな(れる) ③いらい
答えは右ページ➡

テストに出る！

予想問題

解答 p.10

30分

100点

1 次の文章を読んで、問題に答えなさい。

しかし、「意図の推測」がいつもうまくいくとは限りません。むしろ、私たちはしょっちゅう、意図の理解や伝達に失敗します。特に、SNSやメールなどのように文字のみによるコミュニケーションがあたりまえになった現在、意図がうまく伝わらないことによるトラブルが目につくようになりました。

例えば、あなたが自分で①撮った写真をSNSにアップしたとします。そのとき、もし人から次のように言われたらどのように感じるでしょうか。

②「あなたのように写真が上手じゃない人は、どうすればいい写真が撮れるようになるんでしょうね。」

こういうことを言われたら、あなたはこの人から「写真が上手だ」と言われていると思うでしょうか。それとも、「写真が下手だ」と言われていると思うでしょうか。それは、「あなたのように写真が上手じゃない人」という部分を、「あなたと違って写真が上手ではない人」と取るか、「あなたと同様に写真が苦手な人」と取るかによって変わります。もしあなたがこの発言者のことをよく知っており、なおかつ会話の流れが明らかな場合は、どちらに解釈すべきかをあまり迷うことはないでしょう。しかし、もしこれが個人的に知らない相手の、文脈のよくわからない発言だったら、ただとまどうしかないかもしれません。このような例では最悪の場合、「発言者はあなたを褒めているつもりだったのに、あ

2 ――線②「あなたのように写真が上手じゃない人」について答えなさい。

(1) ――線②の発言は二通りの解釈ができます。次のⓐ、ⓑのような解釈は、「あなたのように写真が上手じゃない人」という言葉を、それぞれどのように捉えたのですか。文章中から抜き出しなさい。　10点×2〔20点〕

ⓐ 「『写真が上手だ』と言われていると思う」
↓
[　　　　　　　]と捉えた。

ⓑ 「『写真が下手だ』と言われていると思う」
↓
[　　　　　　　]と捉えた。

(2) よく出る ――線②のように複数の解釈ができる場合に、解釈にとまどったり、誤解した解釈をしてしまう危険性があるのはどんなときですか。　〔20点〕

[　　　　　　　]

3 ――線③「相手が……難しくなります」とありますが、それはなぜですか。[　]にあてはまる言葉を文章中から抜き出しなさい。　10点×2〔20点〕

文字によるコミュニケーションにはⓐ[　　　]な情報がなく、発言者のⓑ[　　　　　]も見えないから。

漢字を読もう！ ←答えは左ページ　①厳密　②解釈

なたはけなされていると思った」というひどい誤解が生じる危険性もあります。

文字によるコミュニケーションでは、イントネーションなどの音声的な情報がなく、また発言者の表情や状況が見えない分、③相手がどういう意図で発言したかを推測するのが難しくなります。そのうえ、個人的に知らない相手や、それまで会話に参加していなかった相手とは、その発言に至るまでの経緯が十分に共有できないこともあり、意図が間違って伝わる危険性が高くなってしまうのです。

このように、言葉によるコミュニケーションは、自分と相手が「言葉の辞書的な意味」のみならず、④その他の多くの知識を共有していることを土台にして成立するものです。そして、そういった土台が不足したり崩れたりすると成立しなくなってしまう、実に危ういものでもあるのです。

〔川添 愛「意味と意図——コミュニケーションを考える」による〕

1 ——線①「あなたが自分で撮った写真をSNSにアップしたとします」とありますが、このあとの例は、どういうことを説明していますか。文章中から抜き出しなさい。〔10点〕

SNSのような文字のみによるコミュニケーションで、［　　　　］がしばしば起こるのはなぜかということ。

4 やや難 ——線④「その他の多くの知識」としてあてはまらないものを次から一つ選び、記号で答えなさい。〔10点〕

ア 発言者の性格や人柄などの情報。
イ 発言者が発言に至るまでの経緯。
ウ 発言者の発した言葉自体の意味。
エ 発言者とのこれまでの会話の流れ。

［　　］

5 よく出る 筆者の考えを次から一つ選び、記号で答えなさい。〔10点〕

ア 言葉によるコミュニケーションでは、相手の意図を理解するために「言葉の意味」を知ることが最も大切である。
イ 言葉によるコミュニケーションは、言葉の意味以外の知識の共有が不十分だとうまく成立しない危険性がある。
ウ 文字によるコミュニケーションで誤解が生じやすいのは、発言者が明確に意図を伝えていないからである。
エ 文字によるコミュニケーションを個人的に知らない相手ととると、誤解が生じるのでなるべく避けたほうがよい。

［　　］

2 **次の□A・Bにあてはまる言葉をあとから一つずつ選び、記号で答えなさい。** 5点×2〔10点〕

それぞれの地域の人々の間で使われている言葉を［A］という。これに対して、どこでも、誰でも通じる言葉を［B］という。

ア 共通語　イ 口語
ウ 方言　エ 文語

A
B

漢字で書こう！ ①げんみつ ②かいしゃく
答えは右ページ➡

教科書 p.202～p.215

少年の日の思い出

主題

◆エーミールのチョウを盗んで潰してしまった「僕」は、一度起きたことは償いができないことを悟り、自分のチョウを押し潰すことで自分自身を罰する。

5分間攻略ブック p.14

テストに出る！

ココが要点

チョウを盗み、潰してしまう（教 p.208～p.210）➤予想問題

それぞれの場面で、「僕」の心情がさまざまに変化する。

- チョウを手に入れたいという欲望→盗みを犯す。大きな満足感。
- 良心が目覚めて返しに行くが、チョウは潰れてしまっていた。
- 盗みをした気持ちより、潰したチョウを見ているほうが苦しい。

エーミールへの謝罪（教 p.211～p.212）➤例題

- 母に全てを話し、エーミールに謝罪する。
- エーミールは謝罪を受け入れず、「僕」を眺めて軽蔑する。
- 「僕」は、一度起きたことは償いができないと悟る。
- 「僕」は、自分を罰するために、自分のチョウを押し潰す。

例題　エーミールへの謝罪

　すると、エーミールは激したり、僕をどなりつけたりなどはしないで、低く、ちえっと舌を鳴らし、しばらくじっと僕を見つめていたが、それから「そうか、そうか、つまり君は①**そんなやつ**なんだな。」と言った。

　僕は彼に僕のおもちゃをみんなやると言った。それでも彼は冷淡にかまえ、依然僕をただ軽蔑的に見つめていたので、僕は自分のチョウの収集を全部やると言った。しかし彼は、「けっこうだよ。僕は君の集めたやつはもう知っている。そのうえ、今日また、君がチョウをどんなに取り扱っているか、ということを見ることができたさ。」と言った。

　その瞬間、僕は②**すんでのところであいつの喉笛に飛びかかるところだった**。もうどうにもしようがなかっ

1 ——線①が指しているものを選びなさい。

ア 嘘をついて、ごまかそうとするやつ。
イ 人の物を盗んで、壊してしまうやつ。
ウ 悪いことをしたのに反省しないやつ。
（　　）

2 エーミールの、「僕」に対する態度を表す二字の言葉を、三つ抜き出しなさい。

［　　］・［　　］・［　　］

3 「僕」が——線②のようになったのは、なぜですか。

答えと解説

1 イ

エーミールからすれば、「僕」は、**人の物を盗んだうえに、それを潰してしまう**ようなやつに見えるのだ。

2 冷淡・軽蔑・冷然

冷淡…思いやりがないこと。
軽蔑…見下すこと。
冷然…冷ややかな様子。

3 例 否定（軽蔑）

直前のエーミールの言葉は、

漢字を読もう！　①涼しい　②荒野　③不愉快
←答えは左ページ

た。僕は悪漢だということに決まってしまい、エーミールはまるで世界のおきてを代表でもするかのように、冷然と、正義を盾に、あなどるように、僕の前に立っていた。彼は罵りさえしなかった。ただ僕を眺めて、軽蔑していた。

そのとき初めて僕は、一度起きたことは、もう償いのできないものだということを悟った。僕は立ち去った。③**母が根ほり葉ほり聞こうとしないで、僕にキスだけして、かまわずにおいてくれたことをうれしく思った。**僕は、床にお入り、と言われた。僕にとってはもう遅い時刻だった。だが、その前に僕は、そっと食堂に行って、大きなとび色の厚紙の箱を取ってき、それを寝台の上に載せ、闇の中で開いた。そして④**チョウを一つ一つ取り出し、指でこなごなに押し潰してしまった。**

〔ヘルマン＝ヘッセ／高橋健二訳「少年の日の思い出」による〕

自分の、チョウに対する情熱を［　　］されたから。

4 よく出る　エーミールとのやり取りを通して、「僕」はどんなことを悟りましたか。

一度起きたことは、もう［　　］のできないものだということ。

5 ――線③のとき、母はどのような気持ちでしたか。考えて書きなさい。

勇気を出して謝りに行った「僕」を（　　　）気持ち。

6 よく出る　――線④には、「僕」のどのような思いがこめられていますか。二つ選びなさい。

ア　自分で自分を罰するしかない。
イ　自分の貧弱な収集が恥ずかしい。
ウ　チョウを収集するのはもうやめよう。
エ　自分の収集は誰にも渡したくない。

（　　）（　　）

「僕」にとって屈辱的な言葉である。「僕」は、自分のチョウへの**情熱を否定されて、怒りがこみ上げた**のだ。

4 償い
いくら謝罪しようと、チョウは元通りにはならず、**エーミールは許してくれない**のである。

5 例 いたわる
母は、罪を告白するのが「僕」にとって**どれほどつらいことだったかを理解している。**だから、そっとしておいてくれたのだ。

6 ア・ウ
謝罪を受け入れてもらえなかった「僕」は、**大切な収集を潰すことで自分を罰した**のである。
また、悲劇の原因となった**チョウの収集から決別しよう**という思いも表れている。

漢字で書こう！　①すず(しい)　②こうや　③ふゆかい
答えは右ページ➡

テストに出る！

予想問題

次の文章を読んで、問題に答えなさい。

解答 p.10

30分　　/100点

　せめて例のチョウを見たいと、①僕(ぼく)は中に入った。そしてすぐに、エーミールが、収集をしまっている二つの大きな箱を手に取った。どちらの箱にも見つからなかったが、やがて、そのチョウはまだ展翅板(てんしばん)に載っているかもしれないと思いついた。果たしてそこにあった。とび色のビロードの羽を細長い紙きれにはりのばされて、クジャクヤママユは展翅板に留められていた。僕はその上にかがんで、毛の生えた赤茶色の触角や、優雅で、果てしなく微妙(びみょう)な色をした羽の縁や、下羽の内側の縁にある細い羊毛のような毛などを残らず、間近から眺めた。あいにくあの有名な斑点だけは見られなかった。細長い紙きれの下になっていたのだ。

　ⓐ胸をどきどきさせながら、僕は紙きれを取りのけたいという誘惑に負けて、ピンを抜いた。すると、四つの大きな不思議な斑点が、挿絵(さしえ)のよりはずっと美しく、ずっとすばらしく、僕を見つめた。それを見ると、②この宝を手に入れたいという逆らいがたい欲望を感じて、僕は生まれて初めて盗みを犯した。僕は針をそっと引っぱった。チョウはもう乾いていたので、形はくずれなかった。僕はそれをてのひらに載せて、③エーミールの部屋から持ち出した。そのときさしずめ僕は、大きな満足感のほか何も感じていなかった。

　チョウを右手に隠して、僕は階段を降りた。そのときだ。下の方から誰か僕の方に上がってくるのが聞こえた。その瞬間に僕の

……

も楽しみでも、喜んで投げ出したろう。

〔ヘルマン＝ヘッセ／高橋(たかはし) 健二(けんじ)訳「少年の日の思い出」による〕

1　――線①「僕は中に入った」とありますが、どのような思いでエーミールの部屋に入ったのですか。次から一つ選び、記号で答えなさい。〔10点〕

ア　クジャクヤママユを自分のものにしたいという思い。
イ　エーミールが部屋にいるかを確かめたいという思い。
ウ　クジャクヤママユを一目でも見てみたいという思い。
エ　エーミールのチョウを潰してやりたいという思い。

2　――線②「この宝を手に入れたいという逆らいがたい欲望」を「僕」が感じたのは、直接的にはどのようなことがきっかけとなっていますか。〔15点〕

3　よく出る　――線③「エーミールの部屋から持ち出した」とありますが、このときの「僕」の気持ちを次から一つ選び、記号で答えなさい。〔15点〕

ア　憎いエーミールが大事にしているチョウを盗んでやったという、晴れ晴れとした気持ち。

漢字を読もう！　①詳しい　②途中　③猫

←答えは左ページ

良心は目覚めた。僕は突然、自分は盗みをした、下劣なやつだということを悟った。同時に見つかりはしないか、という恐ろしい不安に襲(おそ)われて、僕は本能的に、獲物を隠していた手を、上着のポケットに突っ込んだ。ゆっくりと僕は歩き続けたが、だいそれた恥ずべきことをしたという、冷たい気持ちに震(ふる)えていた。上がってきたお手伝いさんと、びくびくしながらすれちがってから、僕はⓑ胸をどきどきさせ、額に汗をかき、落ち着きを失い、自分自身におびえながら、家の入り口に立ち止まった。

すぐに僕は、このチョウを持っていることはできない、持っていてはならない、元に返して、できるなら何事もなかったようにしておかねばならない、と悟った。そこで、人に出くわして見つかりはしないか、ということを極度に恐れながらも、急いで引き返し、階段を駆け上がり、一分ののちにはまたエーミールの部屋の中に立っていた。僕はポケットから手を出し、チョウを机の上に置いた。それをよく見ないうちに、僕はもうどんな④不幸が起こったかということを知った。そして泣かんばかりだった。クジャクヤママユは潰(つぶ)れてしまったのだ。前羽が一つと触角が一本なくなっていた。ちぎれた羽を用心深くポケットから引き出そうとすると、羽はばらばらになっていて、繕うことなんか、もう思いもよらなかった。

盗みをしたという気持ちより、自分が潰してしまった美しい珍(めずら)しいチョウを見ているほうが、⑤僕の心を苦しめた。微妙なとび色がかった羽の粉が、自分の指にくっついているのを、僕は見た。また、ばらばらになった羽がそこに転がっているのを見た。それをすっかり元どおりにすることができたら、僕はどんな持ち物で

イ　珍しいチョウを手に入れたことを喜びつつも、エーミールに対してすまないという気持ち。

ウ　いくら欲しかったからとはいえ、他人のチョウを盗んでしまったことを後悔(こうかい)する気持ち。

エ　盗みをしたことの罪悪感はまるでなく、欲しかったチョウを手に入れたことを喜ぶ気持ち。

[　　]

4 よく出る　～～線ⓐ・ⓑの「胸をどきどきさせ」には、それぞれ「僕」のどのような気持ちが表れていますか。次から一つずつ選び、記号で答えなさい。　15点×2〔30点〕

ア　感心　　イ　怒り　　ウ　不安

エ　安心　　オ　驚き　　カ　期待

ⓐ[　　]　ⓑ[　　]

5 やや難　――線④「不幸」とは、どんなことですか。〔15点〕

[　　]

6 ――線⑤「僕の心を苦しめた」とありますが、このとき「僕」の心を最も苦しめたことを次から一つ選び、記号で答えなさい。〔15点〕

ア　チョウを自分のものにできなかったこと。

イ　美しいチョウが潰れてしまったこと。

ウ　他人のチョウを盗んでしまったこと。

エ　エーミールにチョウを返せなくなったこと。

[　　]

漢字で書こう！　①くわ(しい)　②とちゅう　③ねこ
答えは右ページ➡

教科書 p.244～p.249

電車は走る

ココが要点

「私の正しさ」と「他の人の正しさ」（教 p.247～p.249）➤予想問題

●電車の中で席を譲ったサユリは、感謝されないのが不満だった。

・サユリ…困っている人を「助けてあげるのは当然のこと」だ。

・周りの人たち…サユリから目をそらして、重い空気になった。

主題

◇私の考える「正しさ」が「他の人の正しさ」と一致するとは限らないし、「みんなの正しさ（＝常識）」と「それぞれの正しさ」がくい違う場合もある。

テストに出る！ 予想問題

解答 p.11

30分　100点

次の文章を読んで、問題に答えなさい。

「あの……ここ、どうぞ！」

立ち上がって、お姉さんに声をかけた。やった。うまく言えた。にっこり笑うこともできた。

お姉さんは小さく会釈をして、座った。

①それだけ――？

会釈のときに低い声でぼそっと「あ、どーも。」と言ったきり、お礼の言葉も感激の笑顔もない。せっかく勇気を出して譲ってあげたのに、まるでそんなの当然のことだとでも言うように……いや、べつにどっちでもいいんだけど、というほうが近いだろうか。とにかくお姉さんはめんどうくさそうに座って、イヤホンで音楽を聴き始めたのだ。

がっかりした。感謝してくれないんだったら席を譲らなきゃよ

僕たちは、みんな、電車の中にいる。「世の中」という名前の電車に乗り合わせた乗客だ、僕たちは誰もが。

座っている人もいる。立っている人もいる。重い荷物を提げた人もいれば、身軽な人もいる。「私の正しさ」は、乗っている人の数だけある。でも、それは必ずしも「他の人の正しさ」とは一致しない。なんとなく決まっている「みんなの正しさ」（それを「常識」と呼ぶ）から、⑤「それぞれの正しさ」がはみ出してしまうことだって、ある。

〔重松 清「電車は走る」による〕

1 よく出る ――線①「それだけ――？」とありますが、このとき、サユリはどんな気持ちでしたか。□にあてはまる言葉を、文章中から抜き出しなさい。　15点×2〔30点〕

席を譲ってあげたお姉さんが、ⓐ［　　　　　　］や感激の笑顔を返してくれず、ⓑ［　　　　　　］気持ち。

2 ――線②「ちゃんとわかってくれる人がいた。」とありますが、サユリはどのようなことをわかってほしかったのですか。□にあてはまる言葉を考えて書きなさい。　〔15点〕

漢字を読もう！　①頼む　②怒る　③涙
←答えは左ページ

かった、と思った。

あーあ、とつり革につかまっていたら、隣に立っていたおばさんが「えらいわねえ。」と、にこにこ笑いながら褒めてくれた。よかった。②ちゃんとわかってくれる人がいた。周りの人もこっちを見ている。サユリは胸を張って言った。

「だって、困ってる人やかわいそうな人を助けてあげるのは当然のことです！」

おばさんは「そうね、そのとおりね。」と――言ってくれなかった。にこにこ笑っていた顔が一瞬こわばったように見えた。周りの人たちが目をそらしていることにも気づいた。

どうして褒めてもらえなかったのか、サユリにはわからない。ただ、③周囲の空気が急にどんよりと重くなって、なんともいえず居心地が悪くなっていた。

もう、おばさんはサユリに声をかけてこない。お姉さんは音楽を聴きながら雑誌をめくっている。「この子にちゃんとお礼を言いなさいよ。」とおばさんが言ってくれればいいのに。周りの人も、恩知らずのお姉さんを冷たい目で見てくれればいいのに。でも、なんだか逆に、サユリのほうがみんなに叱られているような気がしてしかたない。

④なんで？　ねえ、なんで――？

電車は走る。サユリはつり革を強く握りしめる。何がなんだかわからないまま、さっきのひと言をお姉さんに聞かれなくてよかったのかもしれないと、ふと思った。なぜそう思ったのかも、わからないまま、だったけれど。

サユリが、人に席を譲るという［　　　］をしたということ。

3 よく出る　――線③「周囲の空気が急にどんよりと重くなって」とありますが、このとき、周りの人たちはどのような様子だったと考えられますか。次から一つ選び、記号で答えなさい。〔10点〕

ア　サユリの勇気ある行動に、心を打たれている様子。

イ　サユリとは違い、何もしなかった自分を恥じる様子。

ウ　サユリの言葉を無視してしまい、気まずい様子。

エ　サユリの押しつけがましい言葉を聞いて、冷めた様子。

［　　］

4　――線④「なんで？　ねえ、なんで――？」とありますが、サユリのこの気持ちが行動に表れている部分を、文章中から十一字で抜き出しなさい。〔15点〕

［　　　　　　　　　　　］

5 やや難　――線⑤「『それぞれの正しさ』がはみ出してしまう」とありますが、どういうことですか。考えて書きなさい。〔30点〕

［　　　　　　　　　　　］

漢字で書こう！　①たの（む）　②おこ（る）　③なみだ
答えは右ページ➡

紅鯉

主題

◆ベンゴイがいたと言った「僕」は、周りの人たちから疑いの目で見られてしまう。孤立した「僕」は、名誉が回復されることを望んで、ベンゴイの漁をじっと見守る。

ココが要点

ベンゴイが捕まるのを見守る「僕」（教 p.257〜p.258）▼予想問題

- 「僕」への疑い→誰かに「僕の正しさ」を証明してほしい。
- おじさんがベンゴイを捕まえる→ベンゴイを自分で捕まえられなかったが、それはどうでもよいと思った。

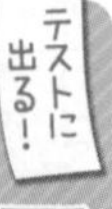

予想問題

解答 p.11　30分　100点

次の文章を読んで、問題に答えなさい。

【僕は、もうベンゴイを捕り逃がした悔しさなど忘れていた。それより、誰かが僕の正しさを証明してくれることを祈っていた。だから、早くそこから逃げ出したい気持ちと、懸命に闘っていたのだ。】

「そんなら、ひとつ、網を打ってみますか。」

「無駄かもしれないぞ。」

「まあ、何かいるでしょう。」

おじさんは、あごひげをひとなぜすると、投網を両手に抱え、膝と腰を弾ませながら、ぶらんぶらんと揺すり始めた。

そして、えんじ色の網がいちばん大きく揺れたところで、ぱっと水面目がけて投げた。網はみごとに広がって、その淵の形いっぱいに落ちた。

すると、まもなく「おっ！」という声が上がった。網の中に、鮮やかな朱色が見えたからだ。

「ベンゴイだ！」

ひろしが目を丸くして、僕の顔を見た。

③「修ちゃん、ほんとに、いたんだ。」

僕はひろしをにらみつけてやった。ひろしは僕の気持ちにおかまいなく、「惜しかったなぁ、惜しかったなぁ。」を連発していた。

確かに、それは僕の手に入るべきコイだった。でも、④そのときはもう、そんなことはどうでもよかった。

〔丘修三「紅鯉」による〕

1 【　】内の部分で、「僕」はどういう気持ちでしたか。□にあてはまる言葉を文章中から抜き出しなさい。 10点×2〔20点〕

早くこの場からⓐ□□□□□□□と思ったが、自分がⓑ□□□□□と言ったベンゴイが本当にいることが証明されてほしい気持ち。

2 よく出る ——線①「意外な展開」とはどういうことですか。わかりやすく書きなさい。〔15点〕

□

人々の目が、じっとおじさんの手もとに集中した。おじさんは、ゆっくり投網をたぐっていく。果たして、コイはいるか。

おじさんの右手が、しだいに網を絞っていった。最後の一絞りをして、水から引き揚げようとしたそのときである。バシッと、大きな音がして、何かが網の中で跳ねたかと思うと、黒い大きな塊が、網の外に飛び出して逃げた。

「あっ！」と、みんなが息をのんだ。なんと、それは紛れもないコイだったのだ。しかも、僕が捕り逃がしたベンゴイとは違う黒いコイだったのだ。

だとすると、その淵には、二匹のコイがいることになる。僕は①意外な展開にびっくりしていた。

ひげ面のおじさんは、少しも慌てた様子も見せずに、丁寧に網から小魚や、ごみを取り去ると、再び深みの端に立った。それから、ぐいと淵を見渡し、初めと同じ形に網を打った。

おじさんは、さっきは網を跳ねて逃げられたので、今度はいっそう注意深く網をたぐっていった。

僕たちが②固唾をのんで見守っていると、おじさんは水の中に右腕を肩の付け根まで突っ込んで、網の底を抱え込むようにして、そっくり持ち上げた。

その網の中で、大きな獲物が動くのが見えた。おじさんは重そうに両手で抱え、勢いをつけて、網ごと河原に放り投げた。

すると、網から黒い塊が転がり出た。大きなコイだった。コイは乾いた川原の砂利の上を、勢いよく跳ね回った。水から上がったおじさんは、まず手際よくそれを袋に収め、それから放っておいた網を広げにかかった。

3 ――線②「固唾をのんで見守っている」とありますが、「僕たち」はどのような様子で見守っているのですか。次から一つ選び、記号で答えなさい。〔15点〕

ア 失敗するのではないかと思い、ちらちらとのぞき見る様子。
イ これからどうなるかが気になって、じっと見つめる様子。
ウ 事のなりゆきを、のんびりと客観的に眺めている様子。
エ 上手くいかないのではと、内心あきらめている様子。

4 よく出る ――線③「僕はひろしをにらみつけてやった。」とありますが、このときのAひろしの気持ちと、B僕の気持ちを次から一つずつ選び、記号で答えなさい。15×2〔30点〕

ア ベンゴイをみごとに見つけ出したおじさんを尊敬する気持ち。
イ 自分のことを疑っていた相手に対し、いらだつ気持ち。
ウ ベンゴイを捕り逃したことを腹立たしく思う気持ち。
エ 本当にベンゴイがいたことに驚き、興奮する気持ち。
オ ベンゴイを手に入れるのは自分であると主張する気持ち。

A　B

5 やや難 ――線④「そのときはもう、そんなことはどうでもよかった」とありますが、「そんなこと」がどうでもよかったのはなぜですか。「そんなこと」の内容を明らかにしてわかりやすく書きなさい。〔20点〕

漢字で書こう！ 答えは右ページ➡ ①しょうこ　②お(しい)　③となり

古事記

教科書 p.260～p.265

主題

◆「古事記」は、現存する日本最古の歴史書。八世紀、奈良時代の成立で、天地開闢（天地の開けはじめ）などの神話・伝説的内容も収める。

ココが要点

古事記とは

- 日本で書かれた現存最古の歴史書。太安万侶編。
- 成立…八世紀、奈良時代。
- 神代から、推古天皇の時代までのできごと（神話・伝説も含む）を収める。「日本書紀」とあわせて「記紀」と呼ばれる。

大国主神と因幡の白兎

- 「大穴牟遅神」は「大国主神」のこと。
- 「八上比売」に求婚しようと出かけた兄弟神の一行の最後に、袋を背負わされて歩いていた「大国主神」が、肌が赤むけになって泣いているウサギを助けてやった。すると、ウサギは「あなたが八上比売と結婚するでしょう」と予言した。

倭建命の望郷の歌

- 景行天皇の皇子であったヤマトタケルは、大変な美男子で力自慢であった。父に命じられて西国と東国の征伐に出かけるが、現在の三重県亀山市で力尽きて亡くなる。その直前に残したのが、故郷である大和の美しさなどを詠んだ「望郷の歌」四首である。

例題 大国主神と因幡の白兎

ここに、大穴牟遅神、その菟に教へて告らししく、「①今急やけくこの水門に往き、水を以て汝が身を洗ひて、即ちそ

予想問題

解答 p.12　20分　100点

次の文章を読んで、問題に答えなさい。

故、ⓐ教への如く為しに、その身、本の如し。これ、稲羽の素菟ぞ。今には①菟神とⓑ謂ふ。故、その菟、大穴牟遅神にⓒまをしく、「この八十神は、必ず八上比売を②得じ。袋をⓓ負へども、汝が命、③獲む。」とまをしき。

［現代語訳］

そこで教えどおりにすると、ウサギの体はもとどおりになった。これが因幡の白兎である。今はこのウサギのことを「兎神」という。このウサギはオオアナムヂにこう申した。「あのおおぜいの神々はきっとヤカミヒメを得ることはできないでしょう。袋を背負ってはいても、あなた様がめとるでしょう。」と。

〔「古事記」による〕

1 よく出る ～～線ⓐ～ⓓを現代仮名遣いに直し、平仮名で書きなさい。　5点×4〔20点〕

ⓐ	ⓒ
ⓑ	ⓓ

漢字を読もう！　①疲れる　②乾く　③痛む

←答えは左ページ

の水門の蒲黄を取り、敷き散してその上に輾転ばば、汝が身、本の膚の如く必ず②差えむ。」と告らしき。

［現代語訳］

そこで、オオアナムヂはそのウサギに教えて、

「今すぐにこの河口に行き、真水でおまえの体を洗って、すぐにその河口に生えている蒲（ガマ）を取って、敷きつめてその上に寝転がれば、おまえの体はきっともとの肌のように治るだろう。」

と仰せになった。

〔「古事記」による〕

1 よく出る 〰〰線を現代仮名遣いに直し、全て平仮名で書きなさい。

（　　）

2 ——線①・②の意味を現代語訳から抜き出しなさい。

①（　　）

②（　　）

3 オオアナムヂはウサギを助けるために、何の上に寝転ぶように言いましたか。

（　　）の上。

答えと解説

1 あらいて

語頭以外のひ→い

2 ①今すぐに　②治るだろう

①は「今」、②は少し前の「本（もと）の」を手がかりにする。

3 蒲（ガマ）

「その上」の指すものを捉える。「蒲」を取って薬にしたのである。

---

2 ——線①「菟神」の名前を、平仮名に直して十字以内で答えなさい。〔20点〕

3 ——線②「得じ」・③「獲む」の現代語訳を抜き出しなさい。10点×2〔20点〕

②

③

4 よく出る この物語について説明したものとして適切なものを次から一つ選び、答えなさい。〔20点〕

ア 動物は、「大穴牟遅神」が自分の体をもとどおりにしてくれたことに強い信頼と感謝の気持ちを抱き、予言をした。

イ 「大穴牟遅神」に助けられた動物は予言をしたあと、「大穴牟遅神」の袋を奪って、さっさと逃げていった。

ウ 動物を助けた「大穴牟遅神」は、別名「菟神」といい、動物を守る神様だった。

エ 動物は「大穴牟遅神」の言うとおりにしたところ、体がもとのようになってしまい、くやしまぎれに予言をした。

5 動物が「大穴牟遅神」に予言した内容を、次のようにまとめました。□にあてはまる言葉を、現代語訳から五字で抜き出しなさい。〔20点〕

あなたが□□□□□と結婚するでしょう。

漢字で書こう！　①つか（れる）　②かわ（く）　③いた（む）

答えは右ページ➡

この小さな地球の上で

テストに出る！ココが要点

人間の英知がなすべきこと（教 p.269～p.270）▼予想問題

● 学生時代の筆者…昆虫マニアであり、捕まえたチョウを殺していた。→あるときから、そうするのが怖くなり、チョウ集めをやめた。

● 戦争体験…人間の殺し合いの巻きぞえで死ぬ生き物がいることの衝撃。→人間本位の世界では、他の生き物は生存の権利を失う。

● 筆者の思い…人間は、地球という運命共同体の中で、他の生き物と助け合っていくことが大切だ。

主題

◆人間も他の生き物も、生命の存在という点では平等である。人間は、地球という運命共同体の一員であるという自覚をもって生きていかなければならない。

テストに出る！予想問題

解答 p.12　30分　100点

次の文章を読んで、問題に答えなさい。

僕は、ペンネームに虫がついているように、学生時代、昆虫マニアで、四六時中、昆虫採集に明け暮れていたときがあった。チョウ集めなら誰でもやることだが、捕まえたチョウを殺すのにべつに殺虫瓶に入れる必要はないので、二本の指でチョウの胸を強く押さえて潰せばよいのだ。チョウやガならひと押しで死んでしまうほどあっけない。

それを長い間平気で続けていたのに、あるときから、①それをやることがひどく怖くなってしまった。胸を潰すとき、②つぶらなチョウの目が訴えているような気がして、捕まえても逃がしてやるこ

1 ――線①「それをやることがひどく怖くなってしまった」について答えなさい。

(1) 「それをやること」とは、何をすることですか。□にあてはまる言葉を書きなさい。〔10点〕

捕まえたチョウの□

(2) 「怖くなってしまった」いちばんのきっかけは何ですか。文章中から四字で抜き出しなさい。〔10点〕

□□□□

2 ［やや難］ ――線②「つぶらなチョウの目が訴えているような気がして」とありますが、チョウがどういうことを訴えている気がしたのですか。考えて書きなさい。〔15点〕

□

3 ［よく出る］ ――線③「その矛盾」とは、どういうことですか。□にあてはまる言葉を書きなさい。10点×2〔20点〕

人間が人間本位の理由で、□一方で、□ということ。

漢字を読もう！ ①滑走路　②偉大　③驚異的
←答えは左ページ

とが多くなり、やがてチョウ集めもやめてしまったのだった。

何がきっかけか、と考えてみると、いろいろある理由の中でやっぱり、あの戦争体験がいちばん衝撃的だったからだということになる。

空襲でおおぜいの人間の死体が散乱している中に、牛や犬の死体もあって、人間の死体と一緒くたに燃えていた光景が、今でも目に浮かぶ。彼らはわけも知らずに人間の殺し合いの巻きぞえをくったのだ。

特定の動物がちやほやされる一方で、例えばうち捨てられた動物園の動物たちが薬殺されたり、三原山の噴火で置き去りにされた動物が餓死したり、というニュースが毎日マスコミをにぎわせる。人間本位の、人間に牛耳られた世界では、他の生き物は生存の権利を失うのだ。僕の「ジャングル大帝」では、③その矛盾を強調したかった。

だが、④そういった悲しむべき状況にもかかわらず、⑤自然保護や愛護の運動が根強く続いていることは、人間のすばらしさを感じさせる。生物の、生きるための関わり合いの中で、人間一人一人もその責任を担う自覚が消えていないことは、まことに喜ばしい。

宇宙に人間がもっと旅立っていけば、宇宙飛行士Aさんのような感慨を抱く人はもっと増え、地球という運命共同体の中で、生き物と人間との温かい触れ合い、助け合いの運動は大きく進むだろう。それは、ナスカの地上絵をつくった⑥人間の英知が、次にやるべき大いなる仕事だ。

〔手塚治虫「この小さな地球の上で」による〕

4 ——線④「そういった悲しむべき状況」の例として適切でないものを次から一つ選び、記号で答えなさい。〔10点〕

ア 空襲で多くの人間が動物と一緒くたに死ぬこと。

イ 人間が特定の動物以外の動物をそまつに扱うこと。

ウ 放置された動物園の動物が薬殺されること。

エ 噴火で置き去りにされた動物が餓死すること。

□

5 ——線⑤「自然保護や愛護の運動」が続いていることを、筆者はどのように感じていますか。10点×2〔20点〕

人間も、生きるために他の生物と関わり合いをもち、その中で、ⓐ□をもっていることがわかって、とてもⓑ□と感じている。

6 よく出る ——線⑥「人間の英知が、次にやるべき大いなる仕事」とは、どうすることですか。簡潔に書きなさい。〔15点〕

□

漢字で書こう! ①かっそうろ ②いだい ③きょういてき
答えは右ページ➡

食感のオノマトペ

テストに出る！ ココが要点

食感のオノマトペの意義とは？（教 p.272〜p.274）➤予想問題

● 日常生活で使っているオノマトペ→世代間の相違がある。
● 食べ物に対する感覚の調査・研究→今後ますます活用されていく。
● 食感のオノマトペ→食べ物の性質や特色、個人や世代の食の好みを知る手がかり→人間の微妙な感覚を実感をもって伝える力がある。

要旨

◆日本語の豊富な食感のオノマトペは、人間の微妙な感覚を実感をもって伝えるため、食べ物の性質や特色、個人や世代の食の好みを知る有力な手がかりになる。

テストに出る！ 予想問題 ①

解答 p.13　30分　100点

次の文章を読んで、問題に答えなさい。

「ごりごり」や「すかすか」は、品質の悪い農産物に関係が深い表現である。かつて、農産物の品質は現在ほど安定しておらず、ごりごりのサトイモや、すかすかのスイカを食べる経験は多かった。現在は農産物の品質が向上し、安定したため、若い人はこのような農産物を食べる経験が少ない。そのため、これらの表現は若い世代にあまり使われていないのではないかと考えられる。また、「こちんこちん」「ぷりんぷりん」は、言葉のリズムが若い世代よりも中高年層や高齢者に好まれているのではないかと推測される。図には示していないが、「かちんこちん」「ぷりんぷりん」も同様の傾向であった。

これに対して、①若い世代に使用頻度が高く、中高年世代ではあ

1 ——線①「若い世代に使用頻度が高く、……『ぷるぷる』である」とありますが、この理由を筆者はどのように推測していますか。適切でないものを次から一つ選び、記号で答えなさい。〔15点〕

ア 若い世代は、「しゅわしゅわ」や「ぷるぷる」が用いられる食品に親しみがあるから。

イ 中高年層は、「しゅわしゅわ」「ぷるぷる」の言葉が表す食品に、若年層ほど親しんでいないから。

ウ 中高年層は「しゅわしゅわ」「ぷるぷる」の言葉の響きでは、食欲をそそられないと感じているから。

エ 中高年層は「しゅわしゅわ」「ぷるぷる」の言葉の響きには幼い印象を抱くため好まないから。

□

2 ——線②の「食べ物の科学的な測定」について、A…具体的な例と、B…それと対をなすもの、を文章中からそれぞれ五字と二字で抜き出しなさい。20点×2〔40点〕

A □□□□□
B □□

3 よく出る ——線③「感覚の世界は依然として残る」とありますが、これはどのような意味ですか。次から一つ選び、記号で答えなさい。〔15点〕

漢字を読もう！ ①迫る ②一般 ③薄い
←答えは左ページ

まり使わないオノマトペは「しゅわしゅわ」「ぷるぷる」である。「しゅわしゅわ」は炭酸飲料、「ぷるぷる」はゼリーやグミなどに対して用いられる。若い人のほうがこれらの食品に対して親しみがあるうえに、言葉の響き（ひび）に幼い印象があるので、中高年層や高齢者はあまり使わないと考えられる。

今、食物や調理について研究する分野では、栄養素の量など、②食べ物の科学的な測定はかなりの水準にまで達している。しかし、そのような科学的な測定がどんなに進歩しても、食べるのは生身の人間である。「それを食べてどう感じたか」という③感覚の世界は依然（いぜん）として残る。こうした食べ物に対する感覚の調査・研究は、よりおいしい食事、食品作りにおいて、今後ますます活用されていくと思われる。

食べ物に含（ふく）まれている物質の量と違（ちが）って、食感自体は主観的要素が強く、客観的に測定しにくいものである。それだけに、④食感のオノマトペは、食べ物の性質や特色、また個人や世代の食の好みを知る有力な手がかりになる。日本語の豊富なオノマトペは、客観的に捉（とら）えにくい人間の微妙（びみょう）な感覚を、実感をもって伝えてくれている。

〔早川（はやかわ） 文代（ふみよ）「食感のオノマトペ」による〕

ア　科学的な測定が進歩すれば、よりおいしい食事・食品づくりに関心が強くなるということ。

イ　科学的な測定が進歩しても、食感の世界は科学では表せないということ。

ウ　科学的な測定が進歩すれば、食感についての情報が増えると期待されるということ。

エ　科学的な測定が進歩しても、より生に近いものを食べたいというニーズは高まるということ。

□

4　――線④「食感のオノマトペは……手がかりになる」とありますが、オノマトペが手がかりになるのはなぜですか。次から一つ選び、記号で答えなさい。〔15点〕

ア　食べ物に対する感覚は、客観的に測定すべきだから。

イ　食べ物に対する感覚は、客観的に測定しにくいから。

ウ　食べ物の科学的な測定は、かなりの水準に達しているから。

エ　食べ物の科学的な測定は、オノマトペが最も正確だから。

□

5　やや難　筆者は、日本語の豊富なオノマトペにはどのような力があると述べていますか。文章中の言葉を使って書きなさい。〔15点〕

□

漢字で書こう！　①せま(る)　②いっぱん　③うす(い)
答えは右ページ➡

テストに出る！

予想問題 ②

解答 p.13

15分

/100点

次の文章を読んで、問題に答えなさい。

私は調理科学を研究しているが、その立場からこのような①食感に関する日本語のオノマトペを調べていくと、次のようなことがわかってきた。

その一つは、②その数が非常に多いということである。例えば英語では、歯応えの感覚を表現する言葉として、「クリスピー」(crispy)と「クランチー」(crunchy)などがある。「クリスピー」には文脈に応じて、「さくさく」「ぱりぱり」「こりこり」「ぽりぽり」などの日本語が、また「クランチー」には「かりかり」「がりがり」「ばりばり」「ぼろぼろ」などのさまざまな日本語があてられている。これは、日本語のオノマトペがいかに豊富であるかということを示唆(しさ)する一つの例である。

それでは、③実際、日本語ではどれくらいの数のオノマトペが使われているだろうか。国語辞典、擬音(ぎおん)語・擬態語辞典、食感を研究した論文、それに食感の研究者へのアンケート結果などから、食感を表現すると思われるオノマトペを全てピックアップしていくとどうなるだろうか。中には、「くにょくにょ」「ぬちゃぬちゃ」「もろっ」のように、一般(いっぱん)になじみの薄(うす)いものも含(ふく)まれているが、それらを含めると三百十二語にも及(およ)ぶ。

〔早川(はやかわ) 文代(ふみよ)「食感のオノマトペ」による〕

1 よく出る ——線①「食感に関する日本語のオノマトペ」とありますが、食感に関するオノマトペとは何ですか。文章中から抜(ぬ)き出しなさい。 20点×2〔40点〕

ものを食べたときのⓐ[　　](食感)を表すⓑ[　　]や擬態語。

2 ——線②「その数が非常に多い」ことの例として、筆者は何をあげていますか。次から一つ選び、記号で答えなさい。〔20点〕

ア 日本語の数が多いという研究調査結果が得られていること。
イ 歯応えの感覚を表す言葉が、英語より日本語の方が多いこと。
ウ 日本では、食感を研究した論文や研究者の数が多いこと。
エ 日本語の食感を表すオノマトペには、一般になじみの薄いものが非常に多いこと。

[　]

3 よく出る ——線③「実際、日本語ではどれくらいの数のオノマトペが使われているだろうか」という問いの答えとなる数を文章中から抜き出しなさい。〔20点〕

[　　]語

4 やや難 この文章の要旨を、「食感」という言葉を使って、簡潔に書きなさい。〔20点〕

[　　]

中間・期末の攻略本

解答と解説

取りはずして
使えます!

三省堂版　国語1年

p.2〜p.3 朝のリレー

◇

問		答え
1		口語自由詩
2		イ
3		●メキシコの〜待っている
		●ローマの少〜インクする
4	(1) ⓐ	地球
	(1) ⓑ	朝
	(2)	●イ
		●オ
	(3)	交替で地球を守る
5		エ

（●は順不同）

解説

◇ **1** 現代の言葉で書かれていて、音数にきまりがない詩なので、口語自由詩である。

2 「ほほえみながら」眠っていることから、明るく幸せな少女の様子が想像できる。

3 第一連の一〜四行めと五〜八行めは、対句になっている。それぞれの前半は夜、後半は朝の情景である。

4 (1)——線③の直前の二行に注目する。

(2)「朝をリレーする」は比喩。また、普通なら「ぼくらは朝を経度から経度へとリレーするのだ」となるところを、語順を入れ替えて強調している（倒置）。

(3)——線③の次の行にある「いわば」に注目する。そのあとで「交替で地球を守る」と言いかえている。

5 作者の思いは第三連、とくに最後の二行にこめられていることを読み取る。

最終チェック

詩の形式を覚えよう！

定型詩…音数やリズムに一定のきまりがある詩。

自由詩…音数やリズムに一定のきまりがない詩。

散文詩…普通の文章のように文が続いている詩。

p.6〜p.7 竜／言葉発見①

1

問		答え
1		イ
2		さっぱり
3	ⓐ	人の来る様子
	ⓑ	気持ちの悪い
4		例沼にすむ竜（神様）が雨を降らせてくれたと考えた。
5	ⓐ	日照り
	ⓑ	大雨を降らせた
6		ウ

2

①	②	③	④	⑤
四	五	五	六	四

解説

1 **4** 百姓たちは、「あの沼から竜神様が飛び上がった」「やっぱ、竜がござらっしゃったか。」と話している。竜が雨を降らせ日照りを解消してくれたと考えているのだ。

5 「けがの功名」は、「なにげなくしたことが意外によい結果を生むこと」。三太郎は自分のために雲を呼んで駆けただけだが、田畑に大雨を降らせることになり、日照りで困っていた百姓たちは大喜びした。

6 「竜神様とたてまつられる」のは「まんざら悪い気持ちでもない」し、「竜大王が見回りに来たとき」に申しわけも立つのでよかったと感じている。

2 ④ 促音（っ）は一音節なので、「リュ・ッ・ク・サ・ッ・ク」と数える。

最終チェック

三太郎の様子や気持ちを表す表現を読み取ろう！

そろそろそろそろと…用心深く、しんちょうに行動する様子。

きれいな緑色のあぶく…よりいっそう小さくなっていなければならないが、竜神様としてまつられて、少し晴れやかな気持ち。

p.10～p.11 ペンギンの防寒着

1	2		3		4	5	6	7
	ⓐ	ⓑ	ⓐ	ⓑ				
保温のしくみ	小さく	柔らかい布	寒さ	低下	脂肪層	例 水中で熱を奪われること。	エ	イ

解説

1 ――線①の直前に「彼らの体に備わった保温のしくみを探(さぐ)っていきましょう。」とある。

3 ――線③のあとに続く文にペンギンの羽根の役目が説明されている。

5 ――線⑤のあとの文に、羽づくろい（＝羽根に脂を塗る）をしなかった場合について書かれている。そこから、水中で熱を奪われることを防ぐために脂を塗っていることを捉える。

6 結論は、最後の段落で述べられている。**イ**は、キングペンギンのヒナについての記述であり、ペンギン全体にはあてはまらないので不適。

最終チェック

文章の構成をとらえよう！

序論 背景説明＋問題提起
本論1 「一つめは……」
本論2 予想される反論→「二つめの……」
本論3 「三つめは……」
結論 五枚の層による高性能の防寒着で、寒さから身を守っている。

p.14～p.15 クジラの飲み水

1		2		3	4			5	6
A	B	ⓐ	ⓑ		(1)	(2)			
エ	ア	消化	分解	例 食べ物がないときでも、体内の脂肪を分解して水を得ることができる	貴重な水分	●イ	●エ	例 余分な塩分や老廃物を排出する役目。	ウ

（●は順不同）

解説

1 A 前の段落に「水を得ることができる」とあるが、あとには「あり余るほどの水ができるわけではない」と反対の内容が書かれている。

B 「水分が失われることはない」とあり、前の文と同じ内容の文がつけ加えられている。

2 直前の二文から読み取る。

3 直後の「だから」に注目する。食べ物がなくても、自ら水分を作り出せるのである。

5 貴重な水分が排(はい)せつで失われるのはもったいないように思えるけれども、排せつには重要な役目があるという文章の流れを捉える。

6 結論は最後の段落に書かれている。

最終チェック

文章の構成をとらえよう！

序論 問題提起…クジラはどのようにして飲み水を得ているのか。
本論 仮説「第一に～」＋検証＋仮説「第二に～」＋検証
→答え…自らの体内で水を作っている。
結論 クジラは生きるために必要な水は自分の体内で作り、その水分をできるだけ失わないようにしている。

p.16～p.17 漢字のしくみ1／言葉発見②

1	①ウ	②ア	③イ	
2	①十三	②七	③十二	④十三
3	①十	②四	③七	④三
4	①ア	②イ	③イ	④イ ⑤ア
5	①子犬（が）	②昨日		
6	①例少し	②例進んでいるそうです		

解説

2 はらう画や曲げる画は一画になる。②「阝」は三画。

3 ③「医」の筆順は、一→丆→[illegible]→[illegible]→[illegible]→医となる。④「忙」の筆順は、丶→⺀→忄→[illegible]→[illegible]→忙となる。

4 話し言葉はその場限りの音声、書き言葉は記録に残る文字という特徴（とくちょう）から考える。

5 強調したい内容を表す言葉を探す。①「何が」にあたるのは「子犬（が）」。②「いつ」にあたるのは「昨日」。

6 ①「ちょっと」は、「少し」という意味。「やや」なども正解。②「～んでる」「～んだって」のような短縮した表現や発音の変化した表現は、書き言葉では使わないようにする。

最終チェック

↓正しい筆順で漢字を書くと、いいことがあるよ！
①漢字を効率よく速く書ける。
②漢字の字形を正しく整えて書ける。
③同じ形を含む漢字を覚えやすい。

p.20～p.21 空中ブランコ乗りのキキ

◇

1	2	3	4	5	6
イ	エ	（順に）むち・花・お魚	ア	例悲しそうに鳴きながら海の方へと飛んでいった白い大きな鳥。	ウ

解説

◇ 1 ――線①のあとの町の人々の行動に注目する。

2 今まで一度も成功していない四回宙返りを「だいじょうぶ」と言うのは、もらった薬の力を信じ、命をかける覚悟（かくご）を決めたからである。

3 たとえの表現「～ように」を手がかりにして探す。

4 キキの四回宙返りの成功を純粋（じゅんすい）に喜ぶ港町の人々の様子である。

5 「それ」は、直前の段落に書かれている「白い大きな鳥」を指している。

6 お客さんから大きな拍手をもらうことだけに命をかけた、キキの純粋で悲しい生き方を捉える。

最終チェック

↓たとえの表現に注意！

キキが四回宙返りをする場面には、「白鳥のように」「大きな白い鳥が滑らかに空を滑るように」「むちのように」「花が開くように」「抱き抱えるように」「水から跳び上がるお魚のように」「ひょうのような」など、たとえの表現（比喩（ひゆ））が多く使われている。

p.22～p.23 文法の窓1

1
① 黄色い／羽の／ちょうが／ひらひら／飛ぶ。
② わたしは／今日／近くの／公園に／行った。
③ 黒い／雲が／広がり、／冷たい／風も／吹いて／きた。
④ 明日は／遠足なので、／お弁当の／用意を／しよう。
⑤ この／本の／さし絵は、／ぼくの／母が／描いて／いる。

2
① オレンジ／と／グレープ／の／ジュース／を／飲む。
② 公民館／の／となり／に／動物園／が／ある。
③ おじさん／は／とても／歌／が／うまい／らしい。
④ 海岸／に／そっ／た／道／を／自転車／で／走る。

3
① 風が　入る
② 姉と　わたしは　見て　いた
③ 県立公園は　広い

4
① ウ　② エ　③ ア　④ イ

5
① （順に）ウ・ア・ウ・イ
② （順に）オ・ア・ウ・イ
③ （順に）オ・ア・イ
④ （順に）エ・ア・ウ・イ
⑤ （順に）ア・ウ・イ

解説

1 ⑤「描いて」と「いる」は補助の関係にある二文節。
2 ③「らしい」は一単語となる。
3 ①「大きく開いた窓から」は修飾部。
4 ②「いた」は補助的な意味をそえている文節。
5 ②「はい」は応答を表す。
④「……ので」は、「……。だから」と言いかえられるので接続部と判断できる。

最終チェック

修飾語は二つに分けられる！
・連体修飾語…「広い空」など、体言を修飾。
・連用修飾語…「早く走る」など、用言を修飾。

p.26～p.27 字のない葉書

◇

1	2	3 (1)	3 (2)	4	5	6	7
例 妹は、まだ字が書けなかったから。	ウ	例 元気に楽しく過ごしている様子。	ところが、	喜ばせる	茶の間に座	●ウ ●オ	イ

（●は順不同）

解説

◇
2 まだ字も書けない幼い娘のことを案じる父の愛情を読み取る。
3 (1)「威勢のいい赤鉛筆の大マル」からは、明るく元気な様子が読み取れる。
(2) ——線③のある段落の次の段落に注目する。妹から届く葉書からは、つらい思いをしていることが伝わってくる。
4 ——線④のある段落の最後の文「これくらいしか妹を喜ばせる方法がなかったのだ。」から読み取る。
6 ——線⑤の前に「痩せた妹の肩を抱き」とある。幼い娘につらい思いをさせたことをすまないと思い、それでも生きて帰ってきてくれたことにほっとして、父は泣いたのだ。
7 男が人前で泣くことは恥ずかしいことだと考えられていた時代に、声をたてて泣くほど娘を案じていた父の姿に筆者は驚き、父の深い愛情に感動したのだ。

最終チェック

筆者の視点を捉えよう！
前半…娘としての「私」が、手紙を通して感じた父の姿を描いている。
後半…姉としての「私」が、疎開した妹と、妹に対する父の姿を描いている。

p.28〜p.29 漢字のしくみ2

1

①	②	③	④	⑤	⑥
てへん	たけかんむり	おおがい	しんにょう	さら	がんだれ

2

①	②	③	④
イ	エ	ア	ウ

3

①	②	③	④
日	月	水	心

4

	部首	名前
①	糸	オ
②	阝	イ
③	广	ア
④	灬	ウ
⑤	走	カ
⑥	門	エ

5

	意味	音
①	氵	可
②	艹	早
③	木	黄
④	飠	反

解説

1 ③「おおがい」(頁)は、人の姿や形、頭部を表す。④「しんにょう」(辶)は「しんにゅう」と読むこともある。⑥「がんだれ」は、「まだれ」(广)と形が似ているので注意。

3 ②「にくづき」(月)は、内臓や体の部分を表す。④「心」という部首に「りっしんべん」(忄)も入る。

4 部首は、位置によって「へん・つくり・かんむり・あし・たれ・にょう・かまえ」に分類される。**イ**「おおざと」は「つくり」。**ウ**「れっか」は「あし」。**カ**「そうにょう」は「にょう」。

5 ①〜④の漢字はすべて形声文字。部首の部分が意味を表し、その他の部分が音を表す。

最終チェック

↓**「国字」とは、日本で独自に作られた漢字！**

・ほとんどが会意でつくられたもの→「畑・峠・栃」など。

・訓読みだけで用いられるのがふつうだが、音読みをもっているものもある。→「働」など。

p.32〜p.33 玄関扉

◇

1			
① B	② B	③ A	④ A

2 (日本人は)玄関で履き物を脱ぐから(だ。)

3 ⓐ 水勾配　ⓑ こする　ⓒ 隙間風

4 ● イ　● エ

5 ⓐ 引っかかる　ⓑ シャットアウト

6 エ

(●は順不同)

解説

◇ 1 ①④は、最初の段落に書かれている。②は、「内開きのドアは、ちょうど『いらっしゃいませ。』とでもいうように、……」とある。③は、「外に開くドアは、……客を押しのける」とある。

3 ⓐ水を流すために土間の奥を少し高くすることを「水勾配(みずこうばい)」という。ⓒ隙間(すきま)をつくれば、隙間風やほこりが玄関に入ることになる。

4 前の段落に述べられている、内開きのドアの問題点を捉える。

5 外開きのドアは、履き物を脱ぐ・土間を水洗いする・隙間風やほこりを防ぐという目的にかなっている。

6 最後の一文にまとめとして書かれている。

最終チェック

↓**日本のドアが外開きであるもう一つの理由**

日本人…〝おじぎ〟をするために戸口から必要な距離(きょり)をとっている。

→外開きのドアでも押しのけられるとは感じていない。

欧米人…〝握手〟のために戸口(相手)に近づく必要がある。

→外開きのドアだと押しのけられると感じる。

p.34～p.35 言葉発見③

	1			2			3		4		
	①	③	⑤	①	③	⑤	①	③	①	②	A
	ウ	エ	カ	エ	イ	ウ	ウ	エ	いったん活動を停止するほうが無難だ（。）	このまま活動を続ける	ウ
	②	④	⑥	②	④	⑥	②	④			
	ア	イ	オ	ア	カ	オ	ア	イ			

解説

1 ⑤休けいするか、歩き続けるかを比べている。

2 ①「なぜなら」のあとで、説明・補足をしている。②「それで」は、前に述べた事柄が理由になることを表す。③「だが」のあとは、前に述べた事柄とは逆になっている。④「では」は、話題を変えている。⑤「しかも」は、前にあとの事柄を加えている。⑥「あるいは」は、前とあとの事柄を比べて選んでいる。

3 ④「日本アルプス」は「小さく見える」と遠望しているので、場所の遠称を表す「あそこ」が入る。

4 ①この「こう」は、あとに出てくる内容を、前もって示している。②「前者」は前の事柄を指し示す。Aは逆接。

最終チェック

「それで・だから」と「なぜなら」の違いに注意！

・「それで・だから」…理由を表す事柄が前にくる。（順接）
・「なぜなら」…理由を表す事柄があとにくる。（説明・補足）

p.36～p.37 月を思う心

◇

番号	小問	解答
1		イ
2	(1)	旧暦
2	(2) ⓐ	新月
2	(2) ⓑ	一日
3	(1) 一月	睦月
3	(1) 二月	如月
3	(2) 一月	親類一同集まって睦み合う月（ということ）
3	(2) 二月	（まだ寒さが残り、）衣を更に着る月（という意味の「衣更着」から）
3	(3)	昔の人々の季節感や生活習慣など
4	春	一　三
4	夏	四　六
4	秋	七　九
4	冬	十　十二
5		エ

解説

◇

1 「月月に月見る月は多けれど」は、「月ごとに月を見て楽しむ月は多いけれど」という意味なので、——線①の「月」は、一月、二月というときの「月」。

2 (1)「昔の人が使っていた暦」について、次の段落の一文めに「旧暦」とある。
(2) 直後に、「新月になる日を月の始まりと考え、各月の一日としました。」とある。

3 (1)・(2) 直後に、一月と二月の異名「睦月」「如月」とともにその由来が説明されている。

5 同じ段落のはじめに「旧暦」は「一か月ほど後ろにずれています」とある。

最終チェック

月の異名の読みも覚えよう！

一月から順に…むつき・きさらぎ・やよい・うづき・さつき・みなづき・ふみづき（ふづき）・はづき・ながつき・かんなづき・しもつき・しわす

p.40～p.41 竹取物語／古文の読み方 古典の仮名遣い

1	1	さぬきの造
	2	いろいろなこと
	3	(1) イ (2) 根もとの光る竹
	4	筒の中
	5	(1) うつくしゅうていたり (2) 例かわいらしい様子で座っている
2	1	(1) が (2) エ
	2	ⓐ おそわれたるようにて ⓑ あいたたかわん
3	1	① 気の毒だ ③ 引き連れて
	2	例かぐや姫が(地上の)人間としての感情をなくしてしまう。

最終チェック

注意する歴史的仮名遣い

くわじ→かじ（火事）

ぐわん→がん（願）

解説

1 **3** 翁が最初に見つけたのは、根もとが光る竹。不思議に思い近寄って見たら、かぐや姫がいたのである。古語の「あやしがる」は、現代語とは違う意味なので要注意。

5 (1)「うつくしうて」の「しう(イ段＋う)」が「しゅう(イ段＋ゅう)」となり、「ゐたり」の「ゐ」が「い」となる。

(2)古語の「うつくし」には、「美しい」以外にも「かわいらしい」の意味があり、文脈にあった意味を捉える。

2 **1** この「人」は、大空から雲に乗って下りてきたのだから、「天人」があてはまる。

3 **1** ①「いとほし」は、現代語とは意味が違い、「気の毒だ。かわいそうだ」という意味。「かなし」とも意味が重なる。

2 「天の羽衣」を着せられたのはかぐや姫で、「物思ひ」(思いなやむこと＝人間としての感情)がなくなるのである。

p.42～p.43 故事成語――矛盾／漢文の読み方／漢字のしくみ3

1	1	ウ
	2	ウ
	3	例どんなものでも突き通さないものはない
	4	エ
	5	イ
2	①	イ
	②	ア
	③	ウ
3	①	検査
	②	保険
	③	積
	④	摘

最終チェック

故事成語を覚えよう！

五十歩百歩…わずかな違いがあるだけで、大差のない様子。

背水の陣……決死の覚悟で事に臨むこと。

解説

1 **1** 訓点に注目する。ウは、3二 1 2一 4 の順に読む。

2 「利」の部首「りっとう」には「よく切れる、鋭い」という意味がある。

3 「とほさざる」の意味は、「突き通さない」だが、さらに否定の「なきなり」を重ねていることに注意する。二つの否定語を重ねることで強い肯定を表している。

4 「いかん」は「どうなるか」と問いかける文語表現。

5 「ある人」に、つじつまが合わない点を指摘されたため、言葉につまったのだ。

2 ②は、蛇の絵をはやく描く競争をしたときに、最初に描き上げた者が、つい蛇には必要のない足まで描いてしまったために負けたという故事からできた成語。③は、「孤立無援」とほぼ同じ意味。

3 ①「検」は「検討・検定」などの言葉を作る。②「保健」と間違えないように注意する。

p.44～p.45 「みんなでいるから大丈夫」の怖さ

◇

1			2			3	4
A	B	C	(1) ⓐ	(1) ⓑ	(2)		
五	二	六	自分の判断	安心感	集団同調性バイアス	例自分だけが他の人と違う行動をとりにくくなったり、お互いが無意識にけん制し合って他者の動きに左右されたりする様子。	ウ

解説 ◇

2 (1) 人間は、一人でいるときは自分で判断するが、複数の人間がいるときは、『みんなでいるから』という安心感」にとらわれてしまう。

3 ――線③は「集団同調性バイアス」の内容を簡潔にまとめた文。具体的には、この直前の文にあるように、「集団でいると、自分だけが他の人と違う行動をとりにくくなる。お互いが無意識にけん制し合い、他者の動きに左右される」ようになることである。

4 **ア**本文に述べられていない。**イ**「『みんないるから』の心理」は避難行動を遅らせる。**ウ**最後の段落の内容と合っている。**エ**災害時に「みんなでいれば安心だ」と考えるのは危険である。

最終チェック

↓「バイアス」という言葉の意味をおさえよう！

・「バイアス」…もとは「偏り」という意味。「集団同調性バイアス」の「バイアス」は、人の判断や行動が偏っていることを表している。この場合は、「偏見」「先入観」と似た意味になる。

p.46～p.47 文法の窓2

1
- ① 断る｜つもり｜は‖全く｜ない｜。
- ② 昼食｜に‖おいしい｜うどん｜を‖食べ｜た‖。
- ③ まあ、｜美しい｜夕焼け｜です‖ね‖。

2
- ① 桜‖の‖花‖は‖散りぎわ‖も‖美しい｜そうだ｜。
- ② 森鷗外、‖わたし‖の‖好きな｜作家‖の‖一人‖だ｜。
- ③ もしもし、‖山本さん‖の‖お宅‖です｜か‖。

3
- ① 姉｜の書い‖た作文｜が、優秀賞｜に選ば‖れた。
- ② 電気｜がなけれ‖ば生活｜でき‖ない。
- ③ あのとき｜は本当に恥ずかしい‖思い｜をし‖た。
- ④ 向こう｜の背｜の高い‖人｜は親切だ‖。

4

①ⓐ	①ⓑ	②	③	④ⓐ	④ⓑ
ア	×	イ	×	ウ	×

5

①	桜	ア
②	エベレスト	イ
③	六時	ウ
④	彼	オ
⑤	こと	エ

6

①	たぶん	ウ
②	ザーザー	ア
③	もっと	イ

解説

2 活用があるものは動詞、形容詞、形容動詞、助動詞である。

3 体言は主語になることができる。つまり名詞。

4 ④形容動詞と「名詞＋だ」を注意して見分ける。「…な」の形をつくって不自然でなければ形容動詞。

5 「私」「君」「これ」なども代名詞。「～こと」「～とき」などは形式名詞。

最終チェック

↓おもな連体詞を覚えよう！

この・その・あの・どの・大きな・単なる・あらゆる・わが・ほんの・ある・いわゆる・小さな・おかしな・さる・来る（きたる）　など

p.48～p.49 それだけでいい／言葉発見④

1					2		
1	2	3		4	①	②	③
ウ	エ	ⓐ 希望	ⓑ 心にある	ウ	ウ	イ	カ
					④	⑤	⑥
					エ	ア	オ

解説

1

1 「……だけでいい」という言葉が繰り返し用いられて、リズムが生まれている。

2 第一連から第三連の山・海・星についての描写は、第四連の希望についての描写と対比されていることを捉える。

3 最後の「それだけでいい」は、直前の第四連全体を指し、作者の思い（主題）を明確に示すはたらきをしている。

4 **ア**ひかえめな言葉に強い願望が感じられる。**イ**短い言葉が作者の心情をストレートに伝えるとともに、詩に余韻を与えている。**ウ**言葉を言い直すことで、作者の思いが強調されている。**エ**「山」「海」「星」と「希望」はいずれも、「あるだけでいい」ものとして挙げられている。

最終チェック

詩の中で繰り返されている表現に着目しよう！

行末に「…だけでいい」という言葉が繰り返し用いられている＝反復
・同じ表現を繰り返すことで、リズムを生みだす。
・その言葉に強い意味や作者の思いをこめる。

p.52～p.53 トロッコ

◇	
1	エ
2	例暗くなる中、遠い道のりを、たった一人で歩いて帰らねばならないことがわかったから。
3	例必死に走っている
4	例暗くなってきたこと。
5	例村に帰ってきて安心したから。
6	ア
7	エ

解説

◇

1 良平は目的地まで行けば、土工たちが一緒に戻ってくれるものと考えていたのである。

2 「暗くなること」「長い道のりであること」「一人で歩いて帰ること」の三点が理由である。

4 時間の経過を表現している部分である。日金山の空の様子が、夕焼けから夕闇へと変化しかけていることを読み取る。

5 やっと見慣れた景色に出会い、ほっとしたのである。

7 何度も泣きたくなったのを我慢して長時間駆け通してきた緊張の糸が、家に着いた安心感から切れてしまったのである。おさえていた感情が一気にあふれ出して、泣くしかなかった良平の気持ちを読み取る。

最終チェック

家に着くまで良平が泣かなかったのはなぜか？

暗く、遠い道を一人で帰らなければならないとわかったとき、良平は「泣いている場合ではない」と思った。何度も泣きそうになったが、あまりにも強い緊張感の中で駆け続けたために、確実に家に着くまでは泣けなかったのである。

p.56〜p.57 意味と意図――コミュニケーションを考える／言葉発見⑤

1	1	1	1	1	1	1	1	2	2
1	2 (1) ⓐ	2 (1) ⓑ	2 (2)	3 ⓐ	3 ⓑ	4	5	A	B
意図がうまく伝わらないことによるトラブル	(「) あなたと違って写真が上手ではない人 (」)	(「) あなたと同様に写真が苦手な人 (」)	例 個人的に知らない相手の、文脈のよくわからない発言のとき。	音声的	表情や状況	ウ	イ	ウ	ア

解説

1

2 (2) 「個人的に知らない相手の、文脈のよくわからない発言」だと、とまどいや誤解の危険性がある。

3 直前に、「音声的な情報がなく……発言者の表情や状況が見えない分」と、理由が述べられている。

4 「その他」は直前の「言葉の辞書的な意味」以外を指す。共有するべき知識とは何かは、「個人的に知らない相手や、それまで会話に参加していなかった相手とは、その発言に至るまでの経緯が十分に共有できない」から読み取る。

5 最後の段落に「そういった土台（＝言葉の辞書的な意味以外の知識の共有）が不足したり崩れたりすると成立しなくなってしまう」とある。

最終チェック

コミュニケーションのさまざまな形態をおさえよう！

- 文字によるコミュニケーション…SNSやメール。
- 音声によるコミュニケーション…電話など。
- 対面によるコミュニケーション…発言者の表情や状況が見える。

p.60〜p.61 少年の日の思い出

◇	◇	◇	◇	◇	◇	◇
1	2	3	4 ⓐ	4 ⓑ	5	6
ウ	例（クジャクヤママユの）四つの大きな不思議な斑点が、美しく、すばらしく、僕を見つめているように感じたこと。	エ	カ	ウ	例クジャクヤママユが潰れてしまっていたこと。	イ

解説

◇ 1 ――線①の直前「せめて例のチョウを見たい」に着目する。これが、「僕」がエーミールの部屋に入った理由。

2 初めはクジャクヤママユを一目見るだけでいいと考えていたのだが、四つの大きな斑点があまりにも美しくすばらしかったために手に入れたい欲望がわき起こってきてしまったのだ。

3 ――線③の直後にある「そのとき」で始まる一文が、「僕」の気持ちを表している。

4 〰〰線ⓐは、チョウの斑点を見たいという「どきどき」である。〰〰線ⓑは、見つかるかもしれないとおびえている「どきどき」である。

5 ――線④の二文あとに書かれている。

6 ――線⑤の直前に注目する。盗みをした罪悪感より、美しいチョウを潰してしまったことのほうが苦しかったのだ。

最終チェック

「僕」の気持ちの移り変わりを捉える！

チョウを手に入れたいという欲望→大きな満足感→良心に目覚める。見つかりはしないかという不安・だいそれた恥ずべきことをしたという冷たい気持ち→チョウを潰してしまったことに対する苦しみ

p.62～p.63 電車は走る

◇

1		2	3	4	5
ⓐ	ⓑ				
お礼の言葉	がっかりした	例親切な行動	エ	つり革を強く握りしめる	例自分が思う「正しさ」が、みんなの思う「正しさ」と一致せず、受け入れられないこと。

◇ 解説

1 サユリは、お姉さんがはっきりと感謝の気持ちを示してくれなかったことを不満に思っている。

2 サユリは自分が良いことをしたと確信している。だから、サユリが親切な行動をしたのだと誰かに気づいてほしかったのである。「褒められるべき行い」などでも正解。

3 「困っている人やかわいそうな人を助けてあげるのは当然のことです」というサユリの言葉を聞いて、周りの人たちが「目をそらしている」ことから考える。

4 とまどう気持ちがつり革を握る強さに表れている。

5 「私の『正しさ』」と「他の人の正しさ」は同じではなく、正解もないのだ。

最終チェック

サユリの心情を表す言葉に着目しよう！

・「あーあ、とつり革につかまっていたら」→後悔・落胆
・「サユリは胸を張って言った」→満足・誇らしい
・「なんで？　ねえ、なんで」→混乱・困惑

p.64～p.65 紅鯉

◇

1		2	3	4		5
ⓐ	ⓑ			A	B	
逃げ出したい	捕り逃がした	例淵には、捕り逃したベンゴイの他に黒いコイもいた（と証明された）こと。	イ	エ	イ	例自分がベンゴイを手に入れることよりも、自分の正しさを証明することのほうが重要だったから。

◇ 解説

1 「僕」の中で、誰かがベンゴイを捕まえて、自分の「正しさを証明して」ほしいという気持ちと、ここから早く「逃げ出したい」という気持ちがぶつかっていった。

2 「僕」が探していたのはベンゴイだったが、それとは別の黒いコイがいることがわかり驚いているのだ。

4 ひろしの気持ちは「目を丸くして」「連発していた」の部分から読み取れる。

5 そのときの「僕」は、ベンゴイがいること（＝自分の正しさ）が証明されることを望んでいた。だから、自分の「手に入るべきコイ」が手に入らなかったのはどうでもよいと思ったのである。

最終チェック

さまざまな表現技法を捉えよう！

・比喩（隠喩）…「黒い大きな塊」「黒い塊」「鮮やかな朱色」→コイ。
・擬態語…「ぶらんぶらんと」「ぱっと」「じっと」「ぐいと」
・擬音語（擬声語）…「バシッと」

p.66～p.67 古事記

◇

1		2	3		4	5
ⓐ おしえ	ⓒ まおししく	いなばのしろうさぎ	② 得ることはできないでしょう	③ めとるでしょう	ア	ヤカミヒメ
ⓑ いう	ⓓ おえども					

解説

◇ **1** ⓐ・ⓑ・ⓓ歴史的仮名遣いの語頭以外の「は・ひ・ふ・へ・ほ」は、現代仮名遣いでは「わ・い・う・え・お」になる。ⓒ歴史的仮名遣いの「ゐ・ゑ・を」は「い・え・お」となる。

2 「因幡」は現在の鳥取県東部にあった国名。

3 ②直前の「八上比売（ヤカミヒメ）」を手がかりにする。③「めとる」とは、「妻として迎える」という意味。

4 傷の治ったウサギが、良い未来を予言したことを読み取る。

最終チェック

「因幡の白兎」

ヤカミヒメに求婚するために因幡に来た兄弟神と「大国主神」の一行は、まず、兄弟神が、ワニをだまそうとして傷だらけになったウサギと出会う。兄弟神は、ウサギをだまして、さらに赤むけにさせてしまう。ところが、最後を歩いていた「大国主神」は、しっかり治し方を教えてやる。ウサギは、「大国主神」の見識や態度に強い信頼と尊敬の気持ちを抱き、「大国主神」の将来について予言をしたのであった。

p.68～p.69 この小さな地球の上で

◇

1		2	3		4	5		6
(1) 胸を強く押さえて潰すこと。	(2) 戦争体験	例 殺さないでくれということ。	例 特定の動物をちやほやする	例 他の生き物が生存する権利を奪っている	ア	ⓐ 責任を担う自覚	ⓑ 喜ばしい	例 地球という運命共同体の中で、生き物と人間との温かい触れ合い、助け合いの運動を進めること。

解説

◇ **1** (1)「それ」は、直前の「それを長い間平気で続けていた」と同じ内容を指す。

2 直後で、「僕」がチョウを殺すのをやめ、逃がしていることから、どういう気がしたのかを考える。

3 同じ段落内に、「一方で」という言葉があり、その前後で対立する事柄を述べていることを捉える。

4 「そういった悲しむべき状況」は、直前の段落の内容を指す。人間が他の生き物の生存の権利を奪う内容と合わないのは**ア**。

6 直前の「それは」が指している内容を捉える。「地球という運命共同体の中で……進むだろう」を指している。

最終チェック

「三角ロジック」で、筆者の主張を捉えよう！

- 事実…自然保護や愛護の運動が根強く続いている。
- 理由づけ…人間一人一人の自覚が消えていないからだ。
- 主張…人間のやるべき仕事は、生き物と人間が助け合う運動だ。

p.70～p.71 食感のオノマトペ①

◇

1	2		3	4	5
	A	B			
ウ	栄養素の量	食感〔または〕感覚	イ	イ	例客観的に捉えにくい人間の微妙な感覚を、実感をもって伝える力。

解説

◇

1 中高年に「しゅわしゅわ」や「ぷるぷる」があまり使われないことと食欲の関係については述べられていない。

2 B「食べ物の科学的な測定」と対をなすものは、実際に「それを食べてどう感じたか」という感覚、つまり「食感」である。

3 食感は、「主観的要素」が強いので、科学的な（客観的な）測定がしにくいのだ。

5 最後の段落から読み取る。日本語の豊富な食感のオノマトペは、人間の微妙な感覚を実感をもって伝えてくれると筆者は考えている。

最終チェック

文章の構成を捉えよう！

序論 具体的事例…食感のオノマトペがもつ力。

本論 調査結果…①日本語のオノマトペの数の多さ。②世代間の相違。

結論 筆者の見解…食感のオノマトペがもつ意義。

p.72 食感のオノマトペ②

◇

1		2	3	4
ⓐ	ⓑ			
感覚	擬音語	イ	三百十二	例食感に関する日本語のオノマトペはとても豊富である。

解説

◇

1 「食感」とは「ものを食べたときの感覚」、「オノマトペ」とは「擬音語や擬態語」のことである。「擬音語」は、実際の音をまねて表した言葉で、「擬態語」は、ものの様子や状態をそれらしく表した言葉のこと。

2 例えば、歯応えを表す英語の「クリスピー」に対して、日本語では「さくさく」「ぱりぱり」など、いくつもの語があると述べている。

3 ――③の問いに対する答えは、最後の文に書かれている。

4 この文章の話題は、「食感に関する日本語のオノマトペ」である。第二段落に、「日本語のオノマトペがいかに豊富であるかということを示唆する」と述べられている。

最終チェック

段落の構成を捉えよう！

・第一段落 話題の提示…調べていること（食感に関するオノマトペ）

・第二段落 筆者の意見…日本語のオノマトペはとても豊富だ。

・第三段落 根拠の説明…全てピックアップすると三百十二語。

ことわざ

□ **あとは野となれ山となれ**　目先のことさえ済んでしまえば、あとはどうなろうと構わないということ。
対義　立つ鳥跡を濁さず

□ **虻蜂取らず**　あれもこれもと狙って、どれも駄目になること。
類義　二兎を追うものは一兎をも得ず
対義　一石二鳥・一挙両得

□ **石橋をたたいて渡る**　非常に用心深く物事を行うこと。
類義　転ばぬ先の杖・念には念を入れよ

□ **医者の不養生**　言うことと行うことが一致しないこと。
類義　坊主の不信心・紺屋の白袴

□ **急がば回れ**　危険がありそうな近道よりも、安全な本道を回ったほうが、結局早く目的地に着くということ。
類義　せいては事を仕損じる
対義　先んずれば人を制す

□ **馬の耳に念仏**　いくら意見しても効き目のないこと。
類義　馬耳東風・蛙の面に水

□ **瓜のつるに茄子はならぬ**　平凡な親から非凡な子は生まれないということ。
類義　蛙の子は蛙
対義　鳶が鷹を生む

□ **雉子も鳴かずば打たれまい**　余計なことを言わなければ、災難にあうこともないということ。
類義　口は禍のもと

□ **猿も木から落ちる**　その道の名人・達人でもときには失敗するということ。
類義　弘法にも筆の誤り・河童の川流れ

□ **好きこそものの上手なれ**　好きであることは、物事が上達するための重要な条件であるということ。
対義　下手の横好き

□ **月とすっぽん**　非常に違いがあること。
類義　ちょうちんにつり鐘・雲泥の差
対義　大同小異

□ **ぬかにくぎ**　手ごたえのないこと。
類義　豆腐にかすがい・のれんに腕押し

□ **寝耳に水**　だしぬけでびっくりすること。
類義　足もとから鳥が立つ・藪から棒

□ **猫に小判**　貴重なものの価値がわからないこと。
類義　豚に真珠

□ **火のないところに煙は立たぬ**　うわさや評判がたつのは、それなりの原因があるということ。
対義　根がなくても花は咲く

□ **ひょうたんから駒**　思いがけないところから思いがけないものが出ること。
類義　棚からぼた餅

□ **待てば海路の日和あり**　じっと待っていれば、やがて好運もやってくるということ。
類義　果報は寝て待て

□ **三つ子の魂百まで**　幼いころ身についたことは一生変わらないということ。
類義　雀百まで踊り忘れず

□ **柳に雪折れなし**　柔は剛よりかえって事に耐えるということ。
類義　柔よく剛を制す

□ **弱り目にたたり目**　悪いときに、さらに悪いことが重なって起きるということ。
類義　泣き面に蜂

□ **良薬は口に苦し**　ためになる忠告は、聞きづらいけれど結局は役に立つということ。
類義　忠言耳に逆らう

□ **渡る世間に鬼はない**　世の中には、そう悪い人間ばかりはいないということ。
対義　人を見たら泥棒と思え